親になれない親たち

子ども時代の原体験と、
親発達の準備教育

斎藤嘉孝
Saito Yoshitaka

新曜社

はじめに

今日ほど、「親のあり方」が問題となった時代はないのではないだろうか。「いまどきの親」といわれる親たちのなかに、常軌を逸した行動や子どもへのネグレクト、児童虐待などが蔓延している。子どもをもてばだれでも「親」には違いないが、親ともよべない親が増えているとすれば、それはなぜなのだろうか。

その原因を私は「親発達」というキーワードで分析してみたい。「子どもが発達するのはわかるが、親も発達するの？」という疑問をもたれたかもしれない。しかし、親になるための発達は子ども時代から始まっており、子育てとともにすすみ、子どもたちが成人したあとも続くのである。

そのことを、社会学や心理学、社会福祉論や教育政策論などにおいて蓄積されてきた成果に依拠しながら、本書で詳しく述べてみたい。

とはいっても、本書は研究者や専門家だけを対象にしているのではない。そういう方々にも大いに興味深い内容であると自負しているが、むしろ一般の親の方々にこそ読んでいただき、考えてほしいと願っている。本書で議論することを、ぜひ多くの人々に知っていただきたいと思う。

お断りしておきたいが、本書では、「こういう親になるべきだ」というような精神論的な議論はしていない。また世間によくある、子育てをしたことのある者ならば半ばだれでもいえるようなコツやノウハウは紹介していない。

親発達の視点からみると、現代は、親たちが自然に親になることができなくなった時代なのである。そのことを、本書で述べていく。

本書のもうひとつの目的は、では今後、われわれはどうしたらよいかを示唆することにある。すなわち、「親発達」の観点から、政策的な提言をおこなう。親としての発達をうながすために、こういう方向で日本の制度を進めることが有意義ではないか、という提案をしたい。あまりに技術的な細かい提言はしないので、一般読者の方々にも十分理解していただけると思う。

そして、われわれ一人ひとりにとって、何ができるかも論じたい。

本書は三部から構成されている。

まず第I部（第1～2章）では、未熟な親たちや信じられない言動をする数々の親のエピソードを紹介し、今日、日本の親がおかれている社会的状況について述べる。少子化の進展、科学技術や社会制度の発達、そして母親の孤立などは、いまの親たちと切っても切れない関係にある。そしてすでに述べたように、いまの日本は、以前のように子どもをもったからといって自然に親になれる状況にないことを説明する。

第Ⅱ部（第3〜4章）では、発達心理学をはじめとする研究成果に依りながら、「親発達」という視点で親たちの現状を読みとく。親のあり方というのは、人生の段階（ステージ）によって変遷してゆくものである。そういう考えに立ち、ステージごとに特徴を整理する。これは従来の「生涯発達心理学」ともまた違った本書独自の分析である。

第Ⅲ部（第5〜7章）では、親発達のために、これからどうしていったらよいかを検討する。政策の背景となる理論や研究知見を紹介しながら、親のあり方に関する施策はいまどんな状況なのか、また自然に親になれない人が増えたことをふまえて、今後望ましいと考えられる方向はどういうものかを検討する。そして答えのひとつとして、親になる前の「原体験」を学校教育のなかで充実させることを提案する。たしかに実施には困難をともなうかもしれないが、実例などをあげながら、机上の空論ではなく実現可能であることを説明する。何より、それは親たちのため、子どもたちのため、そして社会全体のためになると信じている。

なお、本書で言及する調査データは、二〇〇六〜二〇〇七年度科学研究費助成金を受けた調査研究（「親力」向上講座に関する実証的研究）に依拠している。

謝辞

本書が出版されるまでに、多くの方々のお世話になりました。全国各地の行政関係者や、福祉・保育・教育現場の皆様には、現場の様子やそれぞれの思いを伝えていただきました。また、親子についてこれまで研究されてきた研究者や論者の諸先輩には、直接的・間接的に多くを勉強させていただきました。新曜社の塩浦暲社長には、本書の企画から出版に至る全行程でご指導・ご助言をいただきました。編集ご担当の田中由美子さんにはいつも迅速かつ的確なご指摘・ご対応をしていただきました。最後に、親子というものを考えるにあたり、たくさんの経験を与えてくれた両親、いつも思いを共有してくれる妻に多大な感謝を捧げたいと思います。

皆様に深謝申し上げます。

二〇〇九年二月　斎藤　嘉孝

＊目次

第2章　親になれない親たちの背景　30

第Ⅱ部　親発達論

■装幀　臼井新太郎

第Ⅰ部　いまの親たちがかかえる困難と、その背景

第Ⅰ部の目的は、いまの親たちがかかえる困難な現状を記述・紹介することにある。

第1章では、いまの親たちのなかに、極端で唖然とするような振る舞いをする人びとが現れている現状を、エピソードを交えて紹介する。昨今話題になっている「モンスターペアレント」や親の過保護・過干渉、そして児童虐待の様相などを報告したい。また、身近な親たちのなかにも、常軌を逸した行為や未熟さがみられる点について紹介したい。

それを受けて第2章では、こうした親たちが現れた背景について分析する。ともすれば親たち個人に非を求めがちであるが、それだけでは十分でない。もっと社会的な見方をするならば、個人に還元できない原因がみえてくる。そこを分析したうえで、このあとの第Ⅱ部では、親たちの未熟さや常軌を逸した行為の原因を「親発達論」の視点から読みといていきたい。

第1章　いまどきの親たち

「いまどきの親たちは、親とよぶにふさわしくないほど未熟だ」。こういわれて何となく納得できてしまうほどに、親として未熟で、自分やわが子さえよければよいという、利己的な人たちが目につくようになった。ときにはエスカレートし、信じがたい行動をとることもある。本章では、そうした親たちの姿を具体的に紹介したい。

もちろんいまどきの親たちがすべてこういった姿をみせるわけではないし、そうした親たちもまた四六時中、利己的な言動をするわけではない。そのことを最初にお断りしておきたい。

「モンスターペアレント」

最近よく、「モンスターペアレント」という言葉を耳にする。「モンスター」とは怪物のことで、

「ペアレント」とは親のことである。この和製英語を文字どおり解釈すれば「怪物のような親」のことである。学校にどうにも対応しようのないクレームをつけたり、ほかの子には頓着なくわが子を異常なまでにかわいがったりする親のことである。まわりがみえず、利己主義に陥り、とてつもない言動を起こすことがある。そのため学校現場から恐れられ、この呼称で揶揄されているのである。

たとえば昨今、学校給食費の未払いが問題になっている。経済的に払えないのではなく、給食に難癖をつけ、支払いを拒否する親たちがいるのである。学校給食は、原則として学校に通う子どもの保護者すべてが支払いの義務を負う。子どもたちに食事を提供するための費用や調理にかかるコストが間違いなく発生する。払うのは親として当然である。

しかし、払わない親たちのいいぶんは、「頼みもしないのに、強制で給食を食べさせられている」であり、「本当ならば食べさせたくない食品も含まれている」であり、「もっとましなものを食べさせてほしい」である。「自分の子だけ別メニューにしてほしい」というクレームもある。

たしかに親たちの要求のなかには、食や健康への国民的意識が高揚するなかで、給食をよりよくするための建設的な指摘もあるかもしれない。だが、数百人の子どもに一斉に供する毎日の給食において、現場の教師たち、あるいは給食にかかわるスタッフには、できることの限界がある。親たちの個別の要求をすべて反映させることは、努力はできるにしても不可能であろう。

それに給食は、みんなで同じことをする集団生活を身につけさせる教育の一環でもあるはずである。個別主義をあえて持ちこまないことが学校現場における教育の重要な点でもあり、また子どもたちの成長を促す要素といえる。

殴っていないのに……

児童相談所の児童心理司である山脇由貴子は、著書『モンスターペアレントの正体』のなかで、親たちの具体的なクレームを紹介している。[*1]

ある学校での出来事である。わが子が先生に殴られたというクレームが、ひとりの生徒の母親から寄せられた。聞けば、この子は何度も殴られたのだが、先生から「絶対にこのことは黙っていろ」といわれたため、怖くて親にもいえなかったという。母親は怒りをもって学校に乗り込んでうったえた。うちの子はもう学校に行きたくないといっている、と。

しかし、この教員にとって何も思い当たることがない。すると母親は、ならばうちの子が嘘をついているとでもいうのか、と食ってかかる。

しいて思い当たるとすれば、この子が授業中におしゃべりをしていたので、先生は注意するときに肩を軽く叩いたことがあるという。

＊1　山脇由貴子著『モンスターペアレントの正体』中央法規出版、二〇〇八年、一六–三二ページ

これを聞いた母親は激怒する。大人が軽くだと思っても、子どもにとっては「強く叩かれた」ことになる、と。そして、この証言をもって、先生は叩いたという事実を認めたと解釈する。

この件は、その後、校長先生や教育委員会を巻き込むことになり、大騒動に発展する。母親はさらにクレームをエスカレートさせ、あることないことを口にしはじめる。「うちの子は給食を与えてもらえなかった」「給食の量を減らされた」……。あげくの果てには「私がこの先生からセクハラされた！」とまでいう始末である。

まさに学校から恐れられる親たちが、近年出現していることは間違いない。

いまや社会現象

こうした親たちはいまや社会現象になっており、テレビドラマでもフジテレビ系列で扱われた。その名も「モンスターペアレント」というドラマである。

主人公の女性弁護士は、それまで「大きな」仕事ばかりやってきた敏腕である。あるとき某市教育委員会の仕事に携わることになった。そこで、自分の知らなかった「モンスターペアレント」のとてつもなく理不尽な言動に、多々出会うことになる。だが、彼女も負けておらず、あくまで正論で対抗する。そのため教育現場からは、強硬すぎるとみられることもある。

このドラマのある回でのストーリーである。ひとりの生徒の母親が、若手教師に対して執拗に文句をいいはじめた。わが子が日曜日にクラスメートの○○君と公園で遊んでいた。ジャングルジムで遊んでいた際、誤って足を踏み外し、うちの子が地面に転落してしまった。怪我をしたため、少しのあいだ、学校を休まねばならなくなった。

母親の要求は、「うちの子の勉強が遅れるのは不公平だから、学級閉鎖にしてほしい」である。さらに彼女の主張は、「学校は休日でも生徒たちの管理に責任を持つべき」であり、つまり「うちの子が怪我したのは、学校の責任」だという。

開いた口がふさがらないとはこのことだろう。しかし、まったくの現実離れしたストーリーとも思えない。現実の親たちのありえる一面を反映しているのではないかと思えるのも、次のような実例があるからである。

奨学金を親が流用

家庭の経済的理由などにより学業の継続が困難な子どものために、各種の奨学金制度がある。また、経済的に困窮する家族のために、生活保護という制度もある。

こうした奨学金や生活保護で支給されたお金は、いうまでもなく、家計への経済的援助や子どもの教育のためのものである。しかしそんなことはかまわず、自分の個人的な用途に使ってしまう親がいる。自分の交友のため、あるいは遊戯のために使ってしまう。支給する側も、たとえば親のパチンコや飲み代などに金銭が消えているとは、夢にも思っていないはずである。

さまざまなクレーム

教育現場における昨今の親たちのクレームを報告する刊行物は少なくない。その一端をここで紹介したい。前出の教育現場で現役として活躍する山脇をはじめ、[*1]研究者や[*2]ジャーナリストたちも、[*3]親たちのさまざまなクレームや無理難題要求を報告している。

たとえば授業に関して、こんなものがある。塾の教材を使って授業をしてほしい。受験に必要のない教科は自習にしてほしい（生徒の好きな勉強をさせてほしいという意味）。塾や家で勉強させる時間をもっと確保したいので、ホームルームを欠席させてほしい。うちの子の成績をあげてほしい。……本当に自分勝手としかいいようがない親たちである。

授業以外の要求では、たとえばこんなものがある。うちの子をだれともケンカさせないでほしい。うちの子は友人とうまくいっていないので、学年の途中だがクラス替えをしてほしい。うちの子の悪口をいっている子がいるので、転校させてほしい。うちの子は叱らないでほしい。担任と相性が悪いので、変えてほしい。うちの子が他の子とぶつかり顔にすり傷をつくったが、一生涯の責任を負ってほしい。

さらに、次のような要求もある。うちの子はきれい好きなので職員用のトイレを使わせてほしい。

学芸会の主役はうちの子にしてほしい。今度の修学旅行先は行ったことがあるので、別の場所にしてほしい。禁止されたゲームをわが子が授業中にやっていて先生に取り上げられたが、所有権は親にあるので、勝手に取り上げないでほしい。

……自分の子どもさえよければ満足なのだろうか。そう聞こえるクレームばかりである。

クレームがいいやすくなった教育現場

こうした親たちの姿をみる際、現代に特有の時代背景は次章（第2章）で詳細に論じたい。ここで言及したいのは、世のなか全般の風潮の変化である。つまり、現在の日本社会では、さまざまな商業サービスの消費者行動と同じように、教育現場のあれこれについて、親をはじめ周囲の大人たちが、いとも簡単に学校を責めるようになった。それはまるで、不良品を購入した際のクレーム、あるいは正当な商品にあびせる難癖のようである。

教育学者の小野田正利は、それを「イチャモン（無理難題要求）」という言葉を用いて分析して

＊1　山脇由貴子著『モンスターペアレントの正体』中央法規出版、二〇〇八年、三四-三七ページ
＊2　小野田正利『悲鳴をあげる学校』旬報社、二〇〇六年、一八-二一ページ
＊3　多賀幹子『親たちの暴走』朝日新書、二〇〇八年、一七-二〇ページ

いる[*1]。小野田によれば、教育現場へのイチャモンは「増えている」と、八割もの教員に感じられているという。その背景として、マスコミによる影響（たとえば、学校や教師を責めるステレオタイプ化した報道）や、国による教育政策の短期的な変化があると論じている。

とくに後者の教育政策の短期的な変化については、一九八〇年代後半からの十五年ほど、国民の信用を失いかねないほどの教育改革が続いたことが、教育不信・学校不信を招いたと述べる。たしかにその説明は納得できる。国として「ゆとり教育」に不安定な態度が続くことは、その最たる例だろう。

これらだけでなく、親自身やその周囲にしぼってみても、こうしたいわゆるモンスターペアレントと揶揄されるような親たちが増えた背景はあり、本書なりの議論は、改めて次の章で論じたい。

子どもの学科選択に口を出す

さて、これまで主に保育園・幼稚園から高校までの話をみてきたが、同じようなことがもっと年齢の高い子の親にもみられる。無理なクレームをつけるのは、もはや幼児や小中高の子どもの親たちだけではない。次の例にみられるような大学生の親にも生じている。

大学生活も後半になると、学生たちはそろって就職活動をおこなう。個別に企業を訪問したり、人事担当者と面接したりする。内定をとるために学生たちは必死になる。これから社会に出て経済的に自立してゆくための、最初の難関といえる。

そんな場面でも親は子どもの面倒をみようとすることがある。就職活動は自分の力でおこなうのが子どものためでもあり、企業にも受けがよいだろうと思われるが、そんなことはおかまいなしである。子どもに同行し、企業合同説明会などで「今度はあの会社に行こう」と舵取りし、人事担当者と自らが顔を合わせる。

ほかにも、似たような例をいろいろ見聞きする。次は大学の学科選択のケースである。

大学によっては、二年次あるいは三年次に自分の希望する学科に進むシステムになっている。そのとき「親が○○学科がいいというので、そちらに進みたい」という学生の例は、まあありうる話だが、もっと驚くケースがある。すでに学生が大学側に○○学科として申請用紙を提出したのに、親が電話でそれを変更する申し出をするのである。「うちの子は自分では○○学科に出したらしいが、××学科のほうに変えてほしい」というのだ。聞けば、そちらのほうが就職に有利だからだという。にしても、子どもの意思はどこにいってしまったのか。それに、そういう用件で親が直接大学に連絡するのはいかがなものだろうか。

これらの例に限らず、ひと昔前なら信じがたい親の言動の例は、枚挙に暇がない。

＊1　小野田正利『悲鳴をあげる学校』旬報社、二〇〇六年

わが子を自立させようとしない親

昨今、日本中の大学は生き残りをかけ、さまざまな大学がオープンキャンパスを開催している。主に高校二～三年生向けのイベントで、高校生たちが自分の気になる大学に出向き、キャンパスの様子を見学したり、当該大学の教職員から大学生活や授業などの説明を受けたりする。こうして受験する大学を絞ってゆく。

このオープンキャンパスに、子どもに同行していく親がいま多いという。子どもと一緒に出かけるのは、諸々の理由があるので（たとえば家から遠いなど）、特別におかしいことではない。しかし、よく見聞きする親の言動には驚かざるをえない。

たとえば、説明会会場で教職員への質問を自分ですべてしてしまい、子どもが質問する余地を残さない。さらに、自分の生い立ちや学習経験や経歴などを話しはじめ、子ども自身の意向を表明する機会もつくらず、あげくのはてに「私がここに入学したいぐらい気に入りました」と口にする。

大学生になれば、自宅と大学が遠い場合は実家を出て、親とは別個の生活を送るようになるし、ひと昔前までは、自宅学生も自分なりの生活を始めるきっかけになった。高校までと違った人脈で、それまでしたことのなかった経験を積んでいった。たとえ大学の授業に毎日足を運ばなくても、友人の家を泊まり歩いて課外活動に熱中していようとも、親は子どもの生活にほとんど干渉しなかった。大学生といえばそんな年齢だった。

最近は病院にも、子どもが大きくなってからも親がついていく例が少なくないという。たとえば二十歳にもなって、病状を親に説明してもらう。医師がしきりに本人にたずねても、答えるのは親のほうである。自分で説明できない年齢ではないだろうが、親はいつまでも保護者である。

また、娘のデートについていく母親もいる。気になるのはわかるし、相手の男性のことを知りたいのもわかる。しかし、二人きりになるべきデートに、親が同行するのはいかがなものか。

なお、娘のデートに同行する母親のなかには、相手の男性におごってもらう例もあるという。二重の驚きである。

さて、こうした例でなくとも、首をかしげたくなる親たちの言動は多い。街なかでみかける光景や知人から見聞きする話など、昨今の親の唖然とさせられる行動を知るのに十分な機会が、巷にはあふれている。もしかしたら自分自身も、傍からみるとおかしな言動をしているかもしれない。いくつか日常の例でみてみよう。

食事づくりには手間をかけない⁉

朝のコンビニに行くと、登校前におにぎりやサンドイッチ、牛乳や野菜ジュースなどを買う高校生をよく目にする。サラリーマンがコーヒーや新聞を買うのと変わらないほど、朝のコンビニは高校生であふれている。

高校生は買い食いをしているのではない。自分の朝食もしくは昼食を購入している。なぜなら、親たちに朝食や弁当を用意してもらえないからである。これは母親だけの責任ではない。もちろん父親だって朝食を準備したり、子どもの弁当を作ったりしてよい。要するに、親たちが子どもに食事を提供する手間を省いているということだ。

こうした状況と重なるように、政府は子どもの朝食摂取に関心を寄せている。内閣府発行の『食育白書』は、現代の子どもがいかに朝食を抜いているか（これを「欠食」という）、統計を示している。朝食を食べない日がある小学五年生は一五％、中学二年生では二〇％にも達する。[*1] 後者はじつに五人に一人である。

また朝食を抜くことが子どもによくない影響をもたらしかねないことも、統計値は示唆している。[*1] 朝食をとる子たちと、欠食する子たちを比較すると、まず持久力に差が現れる。欠食する子どものほうが持久力は低い。さらに、学業成績（ペーパーテスト）でみても、欠食する子たちは成績が低い傾向にある。

食事の提供は、成人前の子どもに対して親がおこなう最低限の養育行為のひとつではないだろうか。生物的に考えても、それはごく当然である。高校生に「好きなものを自分で買いなさい」といって、コンビニで食事を買うお金を渡すことが、親としての責任ある行為といえるのだろうか。

受験は「子どもの幸せ」のため

近年、受験が早期化している。以前のように最終学歴だけが重要なのではない。中学校あるいは小学校で、すでに「優秀な」学校に入ることが大事だと信じる親は多い。それが子どもの幸せだと信じている。子どもの幸せを求めること自体、もちろん悪いことではない。

そのため、子どもには早いうちから受験を意識させ、勉強させる。現在、中学生全体のうち私立の学校に通う子どもは、全国で七%といわれている。[*2] だが地域差があり、もっとも割合の高い東京都では二六%にもおよぶ。じつに四人に一人が私立中学に進む。

こうした状況で子どもたちは、小学生のうちから塾に通い、受験勉強をおこなう。学校が終わったら、毎日のように塾に行く。土日に塾があるのは珍しくない。夏休みや冬休みなど長期休暇は、願ってもない勉強のチャンスである。学校の正規の授業だけでは受験に太刀打ちできないため、塾に高度な内容を求める。

塾通いの子どもたちをみていると、しばしば親からハッパをかけられているのに気づく。親たち

＊1　内閣府『食育白書』平成19年版、三二一-三二ページ
＊2　平成19年学校基本調査

は「自分のためなんだから」と、子どもたちに語りかける。

ときに宿題を怠けたり、塾に行きたくないような態度をみせると、こういって叱る。「自分で塾に通いたいっていったんでしょ」「そんなことじゃ、行きたい私立の学校に行けないでしょ」。

しかし、こうしたやりとりには違和感がないだろうか。本当に子どもが「自分のため」と考えたのだろうか。「私立に行きたい」と口にしたのは、子ども本人なのだろうか。

小学生のうちから「将来のためにいま勉強が必要」で、そのために「塾に行かなきゃならない」「お願いだから、お父さん、お母さん、塾に行かせてほしい」と本気で考える子どもが、どれだけいるだろうか。もちろん、それまでに親の影響を受け、「そのほうがいいかもしれない」と考える子どももいるだろう。塾通いをするまわりの友だちの影響を受ける子どももいるだろう。しかし、それを本人の意思といってよいのだろうか。

自分の夢を子どもに託すのは親として珍しくないし、それが子どものためになる場合もある。しかし、子どもにとってよい結果を導くとも限らない。また自分もできなかったほどの難儀かもしれないのに、過度な要求をしてしまうこともある。

児童虐待は年四万件

「親は子どもを守る存在である」とは、ごく当然に聞こえる言葉だが、どの親にも当てはまるとは限らない。なかには子どもの身の安全を脅かす親たちもいる。本来もっとも子どもの保護をおこなわねばならない存在の親が、逆に危害を加えるのである。

この現象を「児童虐待」という。現在全国で生じている虐待は、把握できる範囲で、年に四万件を超えている。*1 一日あたりに直すと、じつに一一〇件を超える。さらに単純計算すると、約一三分に一件、つまり日本のどこかで子どもたちが「いま」虐待の憂き目にあっていることになる。

児童虐待はいくつかの類型にわかれるが、もっとも多いのは「身体的虐待」、つまり子どもを殴ったり、蹴ったりする暴力行為である。子どもの体にたばこの火を押しつける、熱くなったやかんやフライパンなどを押しつける、骨が折れるほどに手足を痛めつける、などである。実の子どもにここまでするのか、と目を覆いたくなる惨事が多発している。

親たちは、子どもがぐったりしたり、気を失ったり、あまりにひどい状態になった際、ふと我に返って、病院に連れてゆくことがある。しかし、病院側に「どうやってこういう状態になったか」とたずねられても、ほんとうのことを話さないこともある。「子どもがやかんをひっくり返した」「遊んでいてころんだ」など、自分の虐待を隠そうとする。

*1　二〇〇七年は四万六三九件だった。児童相談所への届出件数より。

「高い高い」をしていて落とした

これでも親か、と思うような虐待がほんとうに起こっている。怒りを通り越して、あきれてしまう虐待もある。

二〇〇六年川崎市で実際に起こった事件である。生後間もない乳児が頭蓋骨を折り、意識不明の重態で病院に搬送された。父親が「『高い高い』をしていて落としてしまった」というのが、当初の情報だった。

しかし警察が調べを続けるうち、この男（父親）は事件当時、妻と口論をしており、かっとなっていたことや、酒気を帯びていたことなどがわかった。さらに、この乳児がなかなか泣きやまなかったため、父親がうるさいと思い、何度か乳児を布団にたたきつけたことも明らかになった。妻が「死んじゃう」といっても、「死んでもいいんだ、子どもは好きじゃない」といって投げつづけたという。

乳児は二日後、病院で息を引き取った。容疑を認めた父親は「出来れば自分が代わりたい」と反省していた……（毎日新聞より）。

現在、児童虐待の件数は増えつづけており、一九九〇年に一一〇一件だったのが、一九九九年に一万件を超え、二〇〇七年には四万六三九件に達した。つまり、一七年間でなんと三七倍に激増したことになる。

こうした件数にあがってこなくとも、体罰をする親は少なくない。心理学者大日向雅美は、全国の三〇歳前後を平均とする親たちへの調査の結果を報告している。[*1]「子どもが可愛くないときどうしますか」とたずねたところ、五五%もの人が「いらいらして、手をあげてしまう」と答えたという。見過ごせない数字である。

ネグレクト

身体的な暴力ばかりが虐待ではない。「ネグレクト」という行為がある。これも立派な虐待である。英単語の neglect、つまり「放置」である。

親としておこなうべき養育や監護をせずに、子どもを放っておくことである。子どもに食べ物を与えない、子どもを置いて長期に家を出てしまう、などもこれに含まれる。

二〇〇四年、実話にもとづいた映画『誰も知らない』が上映された（是枝裕和監督）。女優のYOUが母親を演じた映画である。夫のいない彼女は四人の子どもをかかえているが、あまり家に寄

＊1　大日向雅美「『最近の子どもを愛せない母親』の研究からみえてくるもの」『家族研究年報』第20巻、一九九五年、二〇-三一ページ

りつかない。たまに帰って来たかと思うと、酔っ払って深夜遅くだったりする。すでに眠っている小さな子たちを無理矢理起こし、母親とは思えないなれなれしさで子どもに接する。そして、子どもには（小学生の長男を除き）アパートから一歩も外に出ないように指示する。子どもはそれを従順に守りつづける。

ある日、彼女は少々の金を置いて、本格的に家を出てしまった。ある男性のもとで暮らしはじめるためである。子どもたちはいつかママは帰ってくると信じながら、毎日を生き延びる。やがて水道がとめられ、夏でも風呂に入れず、思うように水さえも飲めなくなる。しかし、近くの公園の水を汲んでくることを覚える。残り少ないお金で手に入れたカップ麺には公園の水を入れて、皆で食する。そんな生活を続けてゆく……。

くり返すが、これはまったくのフィクションではなく、実話にもとづく話である。

閉じ込められた少女

児童虐待をテーマにしたマンガに『凍りついた瞳』[*1]というのがある。これも事実にもとづいていて、さまざまな事例を掲載している。児童虐待にいかに多様なケースがあり、原因や形態が一様でないかを教えてくれる。

なかにネグレクトの事例が登場する。夫の浮気が発端となり、夫婦の仲が冷えこんでしまう。その影響が末子（女子）におよぶケースである。父親は子育てにほとんど関与せず、母親が実質的にすべておこなっている。ただ、父親は末子の女の子のことだけはかわいがり、愛情を示す。そんな毎日で母親は平常心を失い、末子に嫉妬するとともに、養育を放棄しはじめる。数年間にわたり、その子を屋根裏に閉じ込める。長い間、正常な発達ができなかったその少女は、身体的な異状を示す。くるぶしから骨がはみ出るという事態である。数年にわたり骨と筋肉の成長のつり合いがとれないための症状だという……。

ネグレクトは、児童虐待の類型のうち（児童相談所の相談件数でいうと）身体的虐待に次いで二番目に多い。親が親としての役割をはたしていない典型的な行為である。

もはや孤児院はない――児童養護施設の役割

かつては孤児院が日本にも存在した。孤児院と聞けば、親のいない子どもたちが生活する施設と想像するだろう。しかし、現在の日本の制度に孤児院は存在しない。その代わり、児童養護施設というのがある。

ここで児童養護施設と聞いて、どんな施設を想像するだろうか。もちろん養護学校のことではな

＊1　ささやななえ・椎名篤子『凍りついた瞳《め》』集英社、一九九五年

い（なお現在は養護学校のことを特別支援学校とよぶ）。

児童養護施設はそもそも孤児院という呼称だった。つまり孤児の生活する施設だった。しかし現在、児童養護施設に暮らす子どものうち、ほんとうの意味での孤児（親が一人もいない子）は全体の一割弱しかいない。[*1] つまり、九割以上の子どもには親がいる。ではなぜ、その子たちは親と一緒に生活することができないのだろうか。

子どもたちの入所理由でもっとも多いのは、ほかならぬ児童虐待である。先にみた身体的虐待やネグレクト、その他の虐待による被害者である。親がいるのにその子の安全が保障できない。だから、親がいるのに離れて暮らすことを余儀なくされている。

「親であること」を放棄する男たち

虐待として表面化しなくとも、その一歩手前の例はたくさんある。とくに父親である。世の父親たちのなかには、十分に子どもと向き合えていない人がたくさんいる。

わが国の労働者の労働時間は長い。この国の親たちには同情してしまいたくなる。労働時間が週五〇時間を超える労働者の割合は日本では二八％にも達するが、フランス・ドイツ・デンマークなどでは五～六％でしかない。[*2] その差は約五倍である。

通勤時間が長いのも日本の特徴であり、帰宅時間の遅さも群を抜いている。東京・パリ（フランス）・ストックホルム（スウェーデン）の三都市を比較したデータがある。二〇時以降の帰宅者は、パリで二七％、ストックホルムで二％だが、東京は六二％にもおよぶ。驚くべき違いである。[*3]午後五時に仕事が終わり、すぐに職場を出る。そして車で一〇分もすれば自宅に到着……。そんな父親は、日本ではほとんどみかけない。

むしろ、サービス残業二～三時間はあたりまえ。七時前に職場を出ることはほとんどない。満員電車に揺られ、通勤時間は一時間をゆうに超える……。帰宅するのは自然に九時をすぎる。平日の六時台に家にいたなんて、年に何回あったろうか……。

こうした日常で、父親たちが子どもと向き合う時間を失ってゆく。むしろ、子どものために家に帰るなどという行為は、職場の人たちには歓迎されない。

夜遅く帰宅して、食事をし、風呂に入る。それだけで、もう寝る時間である。翌日また朝早い……。子どものことは妻に任せる、それが通常になってしまう。

「ワークライフバランス（仕事と生活の調和）」という言葉が注目され、仕事だけでなく家庭など私生活も大事にする風潮になりつつある。これを政府も奨励しつつある。だが残念ながら、現場レ

＊1　長谷川眞人・堀場純矢編著『児童養護施設と子どもの生活問題』三学出版、二〇〇五年、九一ページ
＊2　労働政策研究・研修機構編『データブック国際労働比較 2005』
＊3　男女共同参画会議少子化と男女共同参画に関する専門委員会・少子化と男女共同参画に関する社会環境の国際比較報告書、二〇〇五年九月

ベルではなかなか徹底されない。

子どもに何か問題が生じれば、「お前が面倒みていたんじゃないのか」と妻を責める。学校から注意されたり、問題行動を起こせば、「お前がそんなふうに育てたんだろう」と妻のせいにすることもある。

妻が就業している家庭でもこの光景は基本的に変わらない。共働きだろうと「子育ては妻の仕事」と考える男性は少なくない。当然のこととして妻が子どもに食事をつくり、学校との連絡をおこない、子どもに問題があれば対応する。

発達心理学者の柏木惠子は、日本の「父親不在」を指摘している。たとえ父親がいたとしても、実質的に不在であるという含意をもった言葉である。そしてこれまでの親子研究を概観し、「母親」の研究はそれなりに存在したものの、「父親」を対象とした研究は未発達だったと述べている。[*1] 父親の存在が、母親とくらべいかに希薄だったかを物語っている。

柏木も指摘するように「マザーリング」(mothering) という語は以前から存在したが、「ファザーリング」(fathering) という語はずいぶん遅れてから出現した。一般的にいってマザーリングとは、母親による養育行動のことであり、ファザーリングとはその父親版である。つまり、母親としての養育に関する言動は早くから意識されていたものの、父親としてのそれは遅れをとっていた。

「妻がいなくても、子どもは自分の手で育てられた」と断言できる男たちは、どれほど存在するだろうか。妻がいなければ自分自身は「ネグレクト」をしていた、という男たちのほうが、日本では一般的だったといったらいいすぎだろうか。

母の役割、父の役割

「母親と父親は違う役割を果たす」ということは古くから論じられてきた。米国の社会学者パーソンズの説はよく知られている。彼は、母親は家族の仲をとりもつ役割、いわば調整役をはたすと分析した（「表出的役割」という）。一方、父親は家族の代表になり、表に立って外部との折衝をおこなう役割があると分析した（「手段的役割」という）。

この役割分化が固定的、決定的でないことは明白で、母親がいつでも調整役であるということはないし、逆に父親がつねに外部との折衝役であるということもない。あくまで「傾向としてそういえる」とパーソンズは分析したと理解すべきであろう。しかし、そういう分析さえも、フェミニズムなど男女平等を唱える人から批判の対象になった。

こうした批判はあるものの、日本の状況を考えれば、やはり母親と父親がまったく同じ役割をはたしているとはいいがたい。

数十年前までは、父親は怖くて威厳のある存在だった。何か曲がったことをすれば、父親から毅

＊1　柏木惠子編著『父親の発達心理学』川島書店、一九九三年、三一四‐三一六ページ

然とした態度で叱られた。ときにはげんこつが飛んでくることもあった。子どもが人の道に背くことをしたとき、人様に迷惑をかけたとき、強く叱られたものだった。

父親は大事な決断のキーパーソンでもあった。就職や進学、あるいは結婚などの人生の選択において、父親に納得してもらうのが子どもにとってはひとつの難関だった。それだけ父親は、毅然とした態度で是非を決めた（あるいは、そういう役割を引き受け、それが認められていた）。

しかし、現在の父親たちはどうだろうか。高度成長期からバブル経済期を経て、父親は「家庭の粗大ゴミ」などといわれた時期もあった。威厳どころか、家族から邪魔者扱いされた。あるいは、子どもの暴力に恐れをなし、強くいえない父親も出現した。たまにしか顔を合わせない子どもたちに対し異様に機嫌をとり、優しく接しすぎる父親も出現した。かつての威厳ある父親が典型でなくなったことは、もはや疑う余地もない。

「親を尊敬できる」若者はわずか四割

「日本の親たちが子どもにどう思われているか」について、他国と比較してみると特徴がより鮮明になる。社会心理学者の中里至正と松井洋はその著書で興味深いデータを示している。[*1]

中里と松井は、日本・米国・トルコ三ヵ国の中高生を調査した。なかでも注目の調査結果は、「親をどう思うか」に対する答えである。「尊敬する」と答えた若者は、米国でもトルコでも九割を超えた。それに対し日本では四割前後でしかなかった。つまり、米国・トルコでは大多数の中高生が親を尊敬するといっているのに、日本では半分もいなかった。その差はじつに二倍以上である。

また別の質問で「親のようになりたいか」をたずねた。結果として「なりたい」と答えたのは米国やトルコでは六～七割だったのに、日本では二割前後しかいなかった。これも明らかな差であり、三倍以上である。

文化差もあるだろうし、米国とトルコが世界を代表しているとはいえない。しかし、簡単にこの数字を意味のないものとも思えない。どうすれば日本でも親を尊敬する子たちが九割を超える状況になりえるのか、親のような大人になりたい子たちが増えるのか――。考えただけでも、「他国と日本は違う」といって簡単に見過ごせないデータである。

親殺しの真の被害者

親が実の子に殺される事件を、ライターの佐久間真弓と藤崎りょうは、著書『親の愛は、なぜ伝わらないのか⁉』で報告している。[*2]

＊1　中里至正・松井洋『日本の親の弱点』毎日新聞社、二〇〇三年
＊2　佐久間真弓・藤崎りょう『親の愛は、なぜ伝わらないのか⁉』宝島社、二〇〇八年

動機や殺し方はさまざまであり、また、起こっている地域もさまざまであり、なかなか単純に事件の構図を一般化して取り出すことはできないが、ひとついえるのは、親子関係がうまくいっていたり、親が子に尊敬されていたりすれば、親殺しという惨事は起こっていなかっただろうということだ。

佐久間と藤崎は、二〇〇七年に京都府京田辺市で起こった事件を取りあげている。それは娘による父親の殺害だった。警察官の父をもつ一六歳の女子高生が、ある日、父親の首を斧で切って殺害した。この少女の供述によれば、夫婦の仲が悪く、父親は家庭外で女性関係をもっていた。そして数年間にわたって父親は少女に暴力を振るっていた。供述のなかには「お父さんがこの世から消えてしまえばいいと思った」という言葉もあった。少女はその気持ちを実行したにすぎない。

また別の事件として、二〇〇六年に北海道稚内市で起こった、一六歳の息子による母親殺害事件がある。正確には、息子が友人に頼んで母親を殺害させた事件である。

この母親は夫と離婚したのだが、その理由を十分に子どもに説明しなかった。横浜での生活から、急に自分の実家のある稚内に、子どもと一緒に戻った。子どもに心情的なケアをしなかったことも、少年の不満を募らせた。そんな折、ひとりの友人が同じく両親の離婚を体験しており、この二人の少年は感情を共有することになった。その結果が母親殺しだった。

これらの例をみて、一概に「ひどい子たちだ」「悪いのは子どもだ」「子どもが加害者だ」といえるだろうか。むしろ子どもは被害者であり、殺された親が加害者であったともいえるかもしれない。

同様の事例は評論家の芹沢俊介によって、著書『親殺し』のなかで多々紹介されている。[*1] 芹沢はそれらを総括して「親殺しには子殺しが先行している」と象徴的に論じ、親にそもそもの原因があることを指摘している。もちろんこれは身体的殺害ではなく、精神的あるいは存在としての殺害を意味しており、子どもたちは親によって先に「殺されて」しまっているようなものだという。

やはり真の被害者は子どもたちなのではないだろうか。

◆この章のまとめ

日本に、親らしい姿をみせていない親が増えてしまった。もちろんすべての親がそうなのではない。しかし、こうした親たちが実際に一定数存在するのも事実である。本章でさまざまな例を示してきたように、未熟で利己的な、親とよぶに値しないかのような大人たちである。

本書では、どうしてこのような親たちが出現したのか、その背景を「親発達」という視点から読みとき、それをもとに、今後どう対処していくべきかを考えたい。

＊1　芹沢俊介『親殺し』ＮＴＴ出版、二〇〇八年

第2章　親になれない親たちの背景

前章では、昨今の、啞然とするような親たちの姿をみてきた。もちろん多くの親はそうではないが、首をかしげたくなる親が多々いることは事実である。本章では、こういう親たちが出現するようになった社会的背景の変化について考えたい。

自然に親になれない親たち

誤解を恐れずにいえば、かつてはある程度、成人して結婚し子どもをもてば、自動的に親になることができた。親になるだけの心構えや資質が自然に準備できていた。

しかし現在の親たちは、自然に親になることができなくなっている。なぜ、子どもをもつだけでは自然に親になれなくなったのだろうか。

いまの日本社会で、親がおかれている状況

いまの親たちが自然に親になることができなくなったのは、親たちが急に理性を失くした結果でも、急激に忍耐力がなくなったためでも、人間性が劣ってきたためでもない。また反対に、かつての親たちは人間ができており、すばらしい人ばかりだったわけでもない。

ここで重要なのは、親個人に原因をもとめても、問題はよくみえてこないという点である。つまり、もっと社会的に考えることが必要なのである。

「なぜ親たちが未熟になったのか」「なぜ以前にはほとんどなかったような常軌を逸した行為を、多くの親がしてしまうのか」という問いに、以下三点から答えてみたい。それは、

①少子化の進展
②科学技術や社会制度の進歩
③母親の孤立

である。これらが親たちの常軌を逸した行為や未熟化に一役買っていると考えられる。

少子化の進展

現在の日本では少子化が進んでいる。子どもの数の減少と今日の親たちの未熟さとは、実は大いに関係があると考えられる。

少子化について論じる際によく用いられる、「合計特殊出生率」という指標がある。多くの国で利用されている指標である。

合計特殊出生率は「一人の女性が生涯に産む子どもの数」の平均値といってよい。この値が大きければそれだけ子どもが増え、小さければ子どもが減少することを示している。

昨今の日本の数値は一・三〇前後である（二〇〇四年は一・二九、二〇〇五年は一・二六、二〇〇六年は一・三二だった。厚生労働省発表）。なお、戦後五年後から二〇年おきにみてみると、一九五〇年は三・六五、一九七〇年は二・一三、一九九〇年は一・五四、二〇〇〇年は一・三六と変遷した。徐々に減っているのがわかる。

なぜこんなに子どもの数が減ったのだろうか。ふつうは次のような複合的要因の絡み合った結果と説明される。

ひとつは若者の価値観の変化である。子どもをもたない、あるいはあまりもたないという選択肢が可能になった。そのために子どもも減った。

別の要因としては、家計の問題があげられる。子どもの養育にはお金がかかるようになった。とくに近年では、塾に通ったり、私立の小中学校に通うことが珍しくなくなった。そのため、子どもをもっても自分の思うように生活がやりくりできると楽観的に考えにくくなった。少なくとも大人数の子どもをもつことが親に負担になっていることは間違いない。

また、就業女性に関する制度的問題から説明されることもある。現在の日本は就業意思のある女性が増えたにもかかわらず、それに見合う十分な子育て支援体制が整っていない。そのため女性のライフプランと子育てを天秤にかけると、後者が負担になる。「ならば仕事や自分のやりたいことを優先させたい」と考える女性が以前より多くなった。

ほかにも、「子どもの社会的意味あいの変化」という説明もある。この説明によれば、少子化は子どもがかつてのように家内労働力とみなされなくなったことに起因する。かつて農業や家内工業が一家の家計を支えていたころ、子どもは大切な働き手だった。ひとりでも多くの子がいれば仕事が進み、家計の安定に直結した。そのため親は子どもを多くもとうとした。しかし現在、家計を支える親たちの多くは勤め人である。子どもに家計安定のために仕事を手伝ってもらう必要はない。そのため子どもが必要なくなったというのだ。

家族社会学者の山田昌弘は、次のように述べている。[*1]

＊1　山田昌弘「現代社会における子育ての『意味』の危機」『家族社会学研究』第11巻、一九九九年、四九―五七ページ

前近代社会においては、子どもは、家の労働力、親の経済的道具としての意味を持っていた。しかし、近代社会の理念においては、子どもは、もはや、経済的道具ではない。（五四ページ）

ほかに、未婚率の上昇も見逃せない。生涯を通して結婚しない人が増えたし、あるいは初婚の年齢も引きあがった。このことも少子化の進展の要因の一つと考えられる。

こうした多様な説明があることからわかるように、少子化が進展した理由はひとつではない。複数の要因が絡み合った結果である。

少子化による社会への影響

少子化が社会全体に与える影響は大きい。子どもの数が減るということは、とりもなおさず将来的にその社会の人口が減るということである。合計特殊出生率でいえば、二・〇八を下回ると、日本は人口を維持できないといわれている。これを人口置換水準という。日本の人口も遠からずピークを迎え、減少する一方だろうとも予想されている。

人口減少は国の財政に影響する。同時進行している高齢化のためますます医療や福祉の財源が必要になってくるのだが、その財源を確保するために若年層が労働力を担い、社会を支えねばならない。しかし、若年層がどんどん減ってゆくのである。すると、やがて高齢者を支えきれなくなる。

国力を左右しうる深刻な問題である。

少子化による親への影響

本書のテーマとして重要なのは、少子化による個々の親たちへの影響である。たとえば、自分の家に子どもが一人しかいないのと、四人いるのとをくらべてみよう。四人といえば、第二次大戦ごろの完結出生児数（結婚持続期間一五〜一九年夫婦の平均出生子ども数）に相当する。当時の親たちは、典型的に四人の子どもを養育していた。それにくらべ現在はおよそ二人である（一九四〇年四・二七、二〇〇五年二・〇九、国立社会保障・人口問題研究所の出生動向基本調査より）。

子どもの数の多寡によって親の心構えや態度に違いが出る。いまの日本社会における親の特徴のひとつは、子どもが少ないがために一人の子どもに世話を焼きすぎ、注目しすぎ、愛情を注ぎすぎることである。子どもにとって必ずしもありがたい環境ではない。

前章でも紹介したが、TVドラマ「モンスターペアレント」にこんなエピソードがあった。南野陽子扮する母親が自分の子が怪我をして登校できないため学習が遅れるのを気遣うあまりに学級閉鎖を訴え、「他の子なんてどうだっていい」という。この母親は「世の中に生きているのは自分の子だけ」であるかのように考えてしまう。

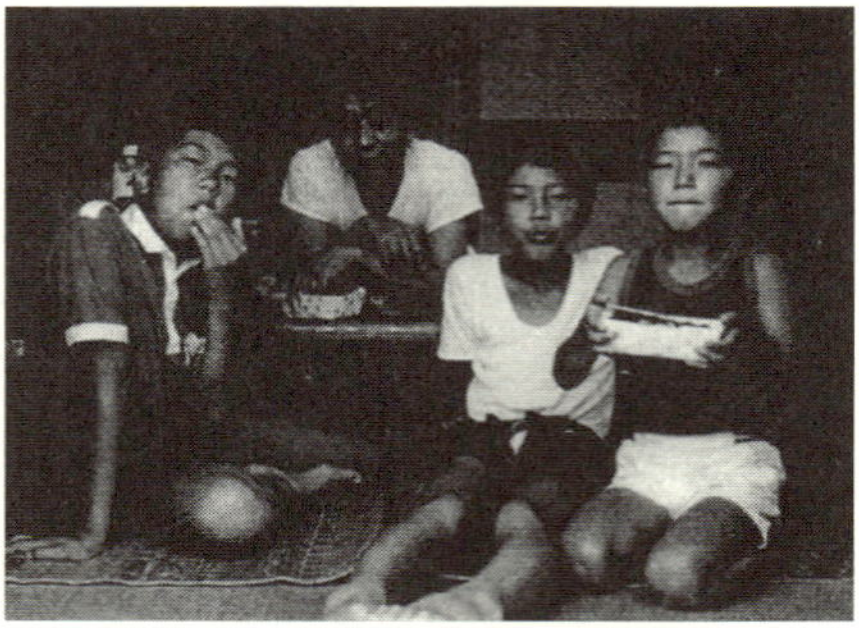

子どもの数が多かった時代は、同じくらいの年頃の子どもがつねに群れている時代でもあった

この男子は怪我をし、学校を休んでいた。しかし怪我が治ってきたため、友人と会いたいといいはじめる。すると母親が「行っちゃだめ、ママがあなたを守るから」と口にする。そしてぎゅっと抱きしめる……。このシーンを見てぞっとした視聴者は少なくなかったのではないか。子ども自身が複雑そうな表情をしていたのが印象的だった。

昔は一家の子どもの数がいまより多かったため、目配りしなければならない子どもの数も自然と多かった。今日のように「一人の子に全愛情を注ぐ」という感覚をもちにくかった。子どもの側も、「自分だけが子どもとして存在しているのではない」と感じつつ生活していた。親の愛情は、ほかの兄弟姉妹や人様の子にも注がれることを知っていた。また成人になるまでに死亡してしまう例もまれではなく、乱暴ない い方をするならば、死亡さえいまほど大きな問題にならなかった。

単純に子どもの数が多いか少ないかが、これだけ大きな意味をもっている。子どもの数が家庭のなかで少なくなると、一人ひとりの子どもにかかる親の注意が増す。期待も大きくなるだろうし、過度な要求をしてしまうこともある。息詰まるような関係になることもある。適度な距離感が保ちにくく、過度に不安をもったり、過干渉になりやすくもなる。この単純な子どもの数の問題の影響は否定しがたく存在する。

科学技術の進歩

いまの日本社会で親子関係のあり方に変化をもたらした二つめの背景として、科学技術や社会制度の進歩がある。

家のなかを見回せばたくさんの家電製品があるのに気づく。炊飯器、電子レンジ、電気ポット、大型冷蔵庫など、どれもいまでは多くの一般家庭にあるものである。これらが親たち、とくに母親たちの家事や育児のやり方に影響を与えたと考えられる。

たとえば洗濯機である。高度成長期に普及したこの家電は、母親たちの日常的な手間を大きく軽減させてくれた。洗濯機のない時代は、寒い日でも天気の悪い日でも、いやおうなく母親たちは手作業で洗濯をせねばならなかった。タライに水を張り、洗濯板でゴシゴシとこすり、手が痛くなるほどに洗濯物を絞った。いまとなっては想像しがたいが、それが母親の日課だった。

もっとあとに登場した電子レンジや冷凍冷蔵庫も同じである。それまでは「チンする」などという言葉はなく、その日そのときに口に入れるものは、毎回料理せねばならなかった。何食分もつくりおきしておくことなどできなかったし、まして外で購入したものを自宅で解凍するという発想はなかった。毎食の料理をし、それを家族に提供するのは母親の当然の日課だった。

食器洗い機も同様である。洗濯機や電子レンジにくらべていまだに広範には普及していないかもしれないが、母親たちの家事負担を軽減する便利な家電であることは間違いない。

かつての家事は時間がかかったし、労力を要する疲れるものだった。すべてを手作業でおこなうのであるから毎日莫大な時間がかかり、主婦業をこなすだけでまる一日を費やしたものだった。しかし、科学技術の進歩にともない多くの家電が普及すると、母親たちの生活は大きく変遷した。子どもとの関係性も変化していった。

児童学者の本田和子は、『子どもが忌避される時代』のなかで、このことを次のように述べている。[*1]

家庭電化製品の普及と、スーパーマーケットの発達、それに加えて、インスタント食品や冷凍食品の発達が、「子と母の関係」を疎にした、などというなら、それはあまりにも奇矯に響くかもしれない。しかし、現代が「親がなくとも子は育つ」社会であるとされるのは、こうした家庭生活の変化と流通革命が影響している。いま、子どもたちは、自宅の冷蔵庫のなかから半調理食品を捜し出してレンジで温め、あるいは、コンビニやスーパーの店頭から調理された食品を購入するなどして、自身の空腹を満たすすべを知っているから、母親が夕飯を整えてくれるまで空腹を抱えて待たねばならないという分の悪い境遇から救出されている。

まさに、世の変遷が親子関係を変えていることを説明している。

社会制度の変化

科学技術の進展と同時に、社会制度も変化している。これも親の生活を大幅に変えた。保育所や幼稚園などをはじめとした外部機関がそれである。

一九七〇～八〇年代前半、第二次ベビーブーマーの成長とともに、こうした外部機関は発展した。しかしそれ以前は、乳幼児に三度の食事を与えること、おむつを替えたり身のまわりの世話をしたりすることなどは、祖母や周囲の手を借りながらも、基本的には母親の仕事だった。元気満載で力の余った学童たちの相手をしたり、子ども同士で遊んでいるのを監視・把握するのも、基本的に母親の責任だった。祖父母やきょうだいによる目配りもあったろうが、母親たちの労力を外部機関に負担してもらえる制度が定着していなかった頃は、いまの母親と異なる日常だったことは想像にかたくない。

これに関連して、教育社会学者の門脇厚司は、家族機能の外部化という表現を用いて次のように語る。[*2]

＊1　本田和子『子どもが忌避される時代』新曜社、二〇〇七年、六六ページ

＊2　門脇厚司『親と子の社会力』朝日新聞社、二〇〇三年、一四〇ページ

母親の社会への進出は早い時期からわが子を保育所や幼稚園に通わせることを当たり前のことにし、家族が維持してきたわが子の子育てや社会化の機能を外部の機関に任せることになった。

「母親の社会への進出」というのは、なにも母親の就業に限らない。女性による発言力や行動力などが強まったことにより、母親たちも以前と違って、子育てや家庭に縛られなくなったことは間違いない。

また保育所や幼稚園に限らず、子ども対象の他機関も同じである。たとえば児童館や学童保育、学習塾の発展は母親たちの生活を大きく変えた。

これらがあまり一般的でなかった時代は、就業する母親にとっては、長時間職場にいることは難しかったし、もっといえば、就業自体が簡単にいかない面もあった。また、家にいる母親（専業主婦等）にとっても、学校に行っている時間帯は子どもから目が離せても、帰宅すれば面倒をみたり、監視しなければならなかったろうし、ときには一緒に遊んであげたりせねばならなかった。たとえ自分と一緒にいなくとも、どこで誰と遊んでいるかぐらいは把握しておく必要があった。

しかし、いまや児童館や学童保育、学習塾などの外部機関が、代わりに面倒をみてくれる。少なくとも夕食の時間ぐらいまでは、外部の誰かが監視してくれる世の中になった。そういう制度が着実に世の中に根づいていった。

体動かず、口動く

技術や制度についてまとめていうと、かつて親が当然のこととして遂行していた子育ての手間暇が少なくなったといえる。科学技術の進歩や社会制度の変化によって、外部に任せられるようになったこともあり、子育てという作業における親の費やす物理的・時間的なコストが激減した。

では直接に自分自身の手ですることが減った現在、親たちは子どもに何をするようになったのだろうか。

その答えは、よくいえば「愛情を注ぐこと」だが、いい方を換えれば「気にしすぎること」である。つまり、子どものために体を動かすことが減る一方、むしろ気持ちが子どもに向かい、表現はよくないかもしれないが、口はずいぶん出すようになった。就業する母親の場合は気持ちが仕事に向くため、この点は軽減されるかもしれない。しかし、子育ての労力が別のかたちになり、子どもに注ぐはずの（本来なら多面的な）労力が、かなり絞られたものになったことは本質的には違わず、このことがかつてみられなかった（前章で紹介したような）言動を生じさせる原因の一つになっているのではないだろうか。

かつての親は「子どもが元気にしているか」「ほかの子や兄弟らと仲良くやっているか」ぐらいを最低限気にしていた。それは「適度な距離感」を保った関係だった。

しかし、物理的な子育て負担から解放された現代の親たちは少し違う。気にするところが以前と違い、「子どもの学業成績はいい位置にあるのか」「わが子が学校でいじめられていないか」「先生はしっかり面倒をみてくれているか」などになった。近年では「学校に行き、教師にクレームをつけること」も、親としての新たな役割に加えられたかのようである。

家事を一生懸命にやったり、目に見えるところで家業をしたりするかつての父母の姿は、子どもながらに「お父さん、お母さんは毎日がんばっている」と感じさせたものだろう。親たちのがんばる姿は自然に子どもの目に触れたため、自らが「お母さんはあなたのためにこれだけやっているのよ」などという必要はなかった。冷たい水に手を入れて洗濯をする姿、家族のために毎食の料理をつくる姿、汗水たらして重労働をする姿、それらが蓄積され、総合的に親への（無自覚かもしれないが）敬意になっていた。

がんばる姿を直接みせることができなくなったいまの親たちは、子どもにとって敬意の対象になりにくい。なのに、その親がいろいろ口出ししてきたり、理解できないような不利益を与えたりする存在だったりすれば、子どもにはむしろ要らない存在として認識されてしまいかねない。

極端な例では、親殺しとなる。親殺しの原因は一様ではないだろうが、こうした「体を動かさず、口だけ動かす」親たちが、子どもにとって必要のない存在になったとしても、理解できなくはない。

母親の孤立

次に、いまの日本社会における親たちの背景の三点めとして、親が孤立する状況におかれていることをあげたい。これが親たちの未熟さや常軌を逸した行為の温床になってしまっている。

とくに母親の孤立が昨今問題になっている。家にいても子どもとしか顔を合わせない、夫は自分の話を聞いてくれない、子どものためを思うとあまり遠くまで出かけられない、かといって近所の人たちとも腹を割って話せるほど仲よくない……。これが典型的な姿である。

孤立の原因——祖父母との距離

母親たちは、かつてのように親と同居するのがふつうな時代だったなら、孤立しにくかった。実親だろうと義親だろうと、いやおうなく毎日顔を合わせる環境にあった。

また婚姻が近隣地域同士でおこなわれていた時代は、自分の父母が近くに住んでいることも多々あった。同じ町内や市内、あるいは県内に親が居住していた。いまより簡単に行き来できる距離だった。

それに、いまの親は心理的にも自分の親と距離をおきたがっており、干渉を受けたくない人が多い。かつてならば、親は息子や娘の子育てにもっと手を貸したし、息子や娘もそれを歓迎した。しかし、現在の子育てにおいては、生活習慣や衛生に関する知識の進歩もあり、一世代前とは異なる常識がある。「お母さんの時代はそれでよかった」というのが通じないことも少なくない。親からの干渉が拒絶される土壌をつくってしまっている。

たとえば、乳児に自分の箸を使って食べ物を取ってあげる父親（おじいちゃん）に「やめて！」と娘（母親）が叫ぶ。たしかに他人の箸を乳児に使用することは、現在では衛生的に望ましくないとされる。あるいは幼児を持ち上げて、急に力を抜いて下におろし、「高い高い」をくり返す父親がいれば、「頭に障害が残っちゃうから、やめて」という。また、自分の子どもを叱る母親がいれば、「お母さんは黙ってて、私の子なんだから」という。

これらは氷山の一角でしかない。自分の親から干渉されることを嫌がる親たちはずいぶん多い。「自分が親だ」という立場を表明し、たとえ肉親であっても「まわりには口を出さないでほしい」と考える親たちである。子どもを囲い込む親が増えたといってもよい。子育てを自分だけのものとするのが親としての責任感だったり、子どもへの愛情表現だったりすると考えている。それがかえって子どもにデメリットとなっている可能性があるにもかかわらず。

孤立の原因――夫の態度

前章でも述べたように、日本の父親たちの目はあまり家族に向いていない。あたかも仕事をすることだけが人間として一人前の生き方であるかのようである。子どものことは妻任せという男性が、いまだにいかに多いことか……。

教育社会学者の藤田英典は著書『家族とジェンダー』のなかで、かつてとくらべ自営業や農業が少なくなった今日の職場環境について、こう述べている。[*1]

第二次・第三次産業従事者の多くは雇用労働者（サラリーマン）であり、その主要な職場は工場やオフィスであり、デパートやスーパーマーケットの売場です。したがって、第二次・第三次産業従事者が労働力人口の大多数を占めるようになったということは、……（中略）……、職場が家の外に移動したということ、サラリーマン家庭が増加したということを意味します。つまり、職場の外部化が進んだということです。

このことは、夫・父親が日中は家にいないということ、つまり物理的な不在を意味します。子

＊1　藤田英典『家族とジェンダー』世織書房、二〇〇三年、一二四ページ

ども側の問題として言えば、いわゆる父親不在です。

現在は勤め人が多くなり、職場が自宅内ではなくなった。父親は日中、自宅にいないだけでなく、勤務時間が終わってもなかなか帰宅できない。

だが家庭における父親不在は、彼らの性格的な問題のためだけではない。原因はここ数十年受け継がれてきた日本の労働環境にある。「家庭は二の次、一番は仕事」「家族サービスをする暇があれば、出勤して仕事を進める」という男たちの高度成長期からの風潮は、今日でも少なからず存続している。若手もそうした風潮に従わざるをえない。

一方、年配者がいまだにそう考える理由は明白である。「自分たちがそうやってきた」からである。

こうした年配の男性たちは、いくら世の中が変わっても、根本的に変わるのはむずかしいだろう。先進国の一員としていかに日本が遅れをとっているか、わかっていても、状況を変革するに至らない。「最近の若者は甘い」のひと言で済ませてしまう。

昨今、厚生労働省がワークライフバランス（仕事と生活の調和）を推進している。つまり仕事だけでなく、家庭に費やす時間や気持ちの余裕を確保することが重要だという。かつての男性たちは、人生のすべてを仕事に注ぎこんできたかもしれない。しかし、家族はどれほどの代償を払ってきただろうか……。「自分の家庭はまともだ」という男性に問うてみるとよい。「それはあなたでなく、奥さんの功績ではないですか」と。

父親不在の陰で妻たちは孤立している。両親から離れ、日中は子どもと過ごし、夜は夫の帰りを待つ。しかし帰宅した夫は疲弊している。「仕事で疲れているから休ませてほしい」というのが夫のいいぶんである。妻の一日の出来事を聞いたり、子育ての相談にのる余裕はない。夫は自分が参加していないぶん、子育てのあれこれが簡単にも聞こえてしまう。休日にしか相手をしないわが子はかわいらしく、手間のかかるような子どもではない。「それぐらい、自分で何とかしてくれ」となる。

そうした夫婦関係はいまだに少なくない。過去の遺物となりえていない。

孤立の原因――地域社会の崩壊

地域社会の崩壊が叫ばれて久しい。「ご近所さん」は、現在の若年層にとって心理的にかなり距離の遠い人たちである。顔を合わせても軽く会釈する程度であり、立ち話もほとんどしない。まして互いのプライバシーの話などに踏み込みたくない。なかには、家は接しているのに名前と顔を知らない人もいる。それが現在の若年層にとっての近所という存在である。離れて住んでいる友人のほうが、よほど仲がよかったりする。

そんな状況で、世の母親たちはかつてのように密な近所づきあいをしていない。歩いていける距離の住人のなかで、本気で語り合える相手、あるいは用事がなくとも話をする相手がどれぐらいいるだろうか。いくら近くても、近所の人たちが自分の心のオアシスではない現実がある。

しかし、近年の行政施策は地域社会を重視している。なるべく地域の人たちと交流をもってもらい、孤立しないようにと工夫をこらす。子育てサークルや地域の公的機関を使ったサービスなど、地域ベースの事業がいくつも展開されつつある。親からも夫からも距離をおかれた主婦たちに何か支援できるとしたら、まず地域を通してであると行政は考えているようだ。

孤立の結果

以上のように、母親が周囲から孤立する原因はいくつも考えられるが、孤立することがどう子育てに影響するのだろうか。単純にいうならば、孤立すると健全な気持ちを保てなくなり、子どもとの距離を適度に保てなくなる。

現在の子育ては、ひとりの親が対象とする子どもの人数が少ない。子どもと二人きりになったり、ひとりの子のことを考えつづけたりする時間が多い。そうした環境ではときに息詰まりかねないし、過度にストレスがたまる。すると、叱らなくてもよいほんの些細なことで、つい声を張り上げてしまう。過ちを犯したり、いうことを聞かなかったりすると、本来ならもっとやさしく諭せるところでも頭にきてしまう。もう少し気持ちの余裕をもっていれば、楽なのかもしれないのに。

また、孤立しているとストレスがたまったときの吐き出し口がない。かつては近所の人などに子育ての相談にのってもらえた。親は聖人ではないし、我慢できないことも多々ある。他人に聞いてもらうだけでずいぶん楽になるものである。吐き出し口がないと精神的に参ってしまう。

もっといえば、孤立していると自分の子育てのやり方を他人にみてもらう機会がない。第三者の目で批判してもらえないし、ほめてもらえない。「そんなことはすべきでない」あるいは「それはいい」といった客観的な評価は、子どもと一緒にいるだけの二者関係では生まれにくい。親としての成長を促してもらえる可能性が、極端に減ってしまう。

身体的虐待のケースだが、ある母親が「自分は子どもと二人でいると、どうしても殴ってしまう。抑えきれない」という。しかし「殴りたくないし、殴ったあと、いつも後悔する」ともいう。そこで昼間はできるだけ外出し、わざと人目に触れるところにいるようにしている。また、もし自分が殴ってしまったときにも、だれかに止めてもらえるから……。

孤立はこのように母子にデメリットをもたらす。親の精神的健全さを揺るがすだけでなく、子育てに大きく影響する。子どもが虐待の被害者になるのはわかりやすいが、それ以外にも親子関係の安定を脅かしかねない。

◆この章のまとめ

本章では、今日の親たちの社会的背景を論じた。くり返すが、親個人が以前にくらべて「ダメになった」という単純な図式ではない。むしろ社会状況の変化による必然的な結果といえる。ひとつの家庭内の子どもの数が減り、一人ひとりの子どもに向けられる注意や愛情が過剰になった。そして物理的な子育ての手間が減り、自らが動く子育てより、口を出すだけの子育てが多くなった。さらに、自分のやっている子育てをだれにもみてもらえず、批判もされず、ほめてももらえなくなった。子どもとの関係で息がつまる状況が多くなった。そんななかで、どこまですばらしい子育てができるというのだろうか。どんな人でもこうした状況におかれれば、親として未熟な素行をしてしまう可能性がある。

こうした現状をふまえ、次の第Ⅱ部では本書の重要な論点である「親発達」について説明したい。親を発達論的に分析することにより、今日の親たちのことがさらによく理解できるはずである。

第Ⅱ部　親発達論

第Ⅱ部では「親発達論」を概説する。子どもばかりでなく、親もまた、発達してゆくのである。その様子を、それぞれの発達段階において特徴づけるとともに、どこに昨今の問題の元凶を求められるかを検討する。

まず第3章では、発達心理学を概観する。児童発達に関する研究はこれまで数多くなされてきたが、本書はその発想を「親としての発達」に応用する。生涯発達という分野もあるが、それは人生に起こるさまざまな要素を総合的に扱うものであり、必ずしも「親のあり方」に論点を絞るものではない。

これを踏まえて第4章では「親としての発達」についての議論を整理する。第一ステージの「原体験期」から最終ステージの「巣立ち期」まで、計六段階について説明する。それぞれのステージにおいて親として必要な資質が異なることを説く。また、現在の親たちはどの段階でどんなことを欠いているのかを考える。

これらの議論によって、次の第Ⅲ部の「われわれは今後どうすべきか」につなげたい。

第3章　親発達論の位置づけ

本書の中心テーマである「親発達」という概念は、これまで蓄積されてきた発達心理学の発想をもとにしているが、児童を直接的に分析対象にするのではない。かといって、従来の生涯発達心理学の説明のしかたとも異なる。本章では、発達心理学にもとづいた親発達論の位置づけについて整理しておきたい。

発達心理学の出発点

発達心理学というのは実験心理学、臨床心理学などの分野と並ぶ心理学の一分野である。人間が加齢とともに言動や心理状態を変化させることを研究対象にしている。だいたい○～×歳ごろの期間はこういう段階（ステージ）であり、こういった言動や心理の特徴がある、といった説明をおこなう。また次のステージに進むためにはこういう条件があるなどとし、それを発達課題とよんだりする。

心理学は歴史的にさまざまな実験や調査、臨床などがおこなわれ、知見や理論が生み出されてきたが、その多くが「成人」の言動や心理をおもな対象とするものであった。しかししだいに、成人の知見や理論が「子ども」にも当てはまるとは限らないことがわかってきた。そこで、子どもの言動や心理を独自に説明できる分野の確立が求められた。それが発達心理学の原点である。いわば児童を対象とした心理学が出発点だった。

成人に関する心理学の知見や理論が「子ども」にも当てはまるとは限らない。それが子どもを対象とした「発達心理学」の原点となっている

だが、子どもに焦点を絞って研究しても、やはり一筋縄にはいかない。乳児と高校生は同じ行動原理や心理メカニズムで動かないことがわかってきた。そのため、子どもの各段階で別々の説明が必要になった。こういう過程を経て進展してきたのが、今日の発達心理学である。
○○歳をどのステージとみなすか、そしてそのステージの特徴は何かなどについて、すべての研究者が一致しているわけではない。いまだに完全な合意はないし、文化差や個人差などを考えれば、それらをすべて統一することが発達心理学の究極の目的とも思えない。

さて、今日もっとも依拠される発達心理学の論者として著名なのは、フロイトとエリクソンであろう。本章では今日の発達心理学の原点になっている、この二人の理論を概観したい。彼らの理論から発達心理学の輪郭をみてみたい。

フロイトの理論

オーストリアの精神科医フロイトは、それまで着目されてこなかった「深層心理」という人間の心理の奥底に目をつけ、人間の行動や心理を説明しようとした。自分が感じていること、考えていることが必ずしも本心とは限らず、むしろ自分でも意識できない「無意識」の領域にこそ、人間の気持ちの根源が存在するとした。

彼の有名な概念のひとつが「エディプス・コンプレックス」である。子どもの発達における、親の影響の大きさを説いた代表的考え方といえる。前提となるのは、子どものときの親子関係がその後の異性関係に影響を与えるという、いってみれば幼児決定論である。

男の子が幼い日にどれほど母親から愛されたかが、青年になったときの女性とのつきあいに影響してくるという。もし十分に愛されていなかったら、自分の恋愛相手に過度な愛情を求めてしまう。まるで幼い日に欠いていた愛情を取り戻そうとするかのごとくに。

女の子ならば、父親との関係が大きくなってから影響するという。幼い日に父親をあまりに愛してしまうと、自分が大人になってだれかを好きになったとしても、父親の理想を引きずってしまう。目の前の男性に物足りなさを感じて、心のどこかでずっと父親とくらべつづけてしまう。

これらは、次で紹介するフロイトの発達段階のうち、「男根期」における親の影響についての説明である。

フロイトによる発達の五段階

フロイトは発達心理学の原点となったともいえる発達のモデル化をおこない、次のような五つのステージがあるとした。子どもは、これらの段階を経て成人になってゆくと彼は説明した。ここではエッセンスを簡単に紹介したい。

基本となる視点は、他者との接触において身体のどの部位が中心的かにある。年齢によってかかわる部分が変わってゆき、それが各ステージを象徴しているという。フロイトの説は、性に関係するエネルギー（「リビドー」という）のはたらきがキーになっている。

①口唇期

通常、生後一年間ほどを指す。口が快楽の源泉であり、母乳を吸い「唇」を通して母親と接触するため、こうよばれる。この時期には全面的に親に依存しており、「自分は無条件にこの世に生きていてよい」という安心感を経験する必要がある。それが満たされないと、成人になって過食症やタバコ依存症などになりかねない。

②肛門期

この時期、子どもは排泄に快感を感じる。トイレットトレーニング（排泄訓練）によって、自分の意思で「肛門」を管理するようになる。適切なときに排泄したり、ときには我慢したりするトレーニングを通して、欲求をすぐに満たすのではなく、自分をコントロールすることを覚える。この時期の発達が十分でないと、成人になってから過度の心配性や、あるいは時間管理の未成熟さなどを引き起こしかねない。

③男根期（生殖期初期）

男女差に関心をもつようになり、男女で性器が違うことを知る時期である。とりわけ男子は母親を独占したいという気持ちと、父親がいることにより独占できないという気持ちの葛藤を味わうことになり、競争心が芽生える。先に述べたエディプス・コンプレックスがそれである。

④潜伏期

いわゆる学童の時期である。性差はあまり意識されず、その意味で性的感覚が「潜伏」する時期だとされる。友人とのつきあいが重要であり、この時期に仲間づくりができるかどうかが後のステージにも影響する。性的エネルギーは、性そのものよりも勉強や遊びに向けられる。

⑤性器期（生殖期後期）

再び男女差に関心をもつ時期で、第二次性徴期に当たる。月経や精通など、自分の身体が大きく変化し、性差を感じざるをえない。異性が重要な存在となり、異性を好きになり性行為の相手としてパートナー選びをおこなう。自分だけで性的エネルギーを満足させるのではなく、他者と共有するようになってゆく。

こうして人は成人になってゆくというのがフロイトの発達理論である。

エリクソンの理論

次にもうひとりの代表的論者エリクソンの理論を概観してみよう。

ドイツ生まれの発達心理学者エリクソンは、人間の発達をより長いスパンでとらえ、死ぬまでのすべてを対象にした八ステージの発達理論を築き上げた。彼の理論の特徴は、各ステージで課題を解決することで、健全なパーソナリティを形成し、次のステージに進むことができるとした点にある。まず、子どもの時期に当たるステージをとりあげてみよう。

①乳児期

親などの助けを得て、生理的な要求をかなえることにより、他者から自分が信頼されていることを体感する時期。

②幼児前期

自分でできることを自分でおこなうようになる時期。親と自分は異なる存在であることに気づく。自己主張をおこなうようになるため、第一次反抗期ともいわれる。

③幼児後期

単にだれかのいうことを聞くだけでなく、自主的な言動ができるようになる時期。自分でできることが増え、日常生活の範囲が広がる。

④児童期（学童期ともいう）

学校などの集団生活を経験する時期であり、学業をはじめ多様な活動をおこなうことになる。勤勉性が求められる。

⑤青年期（青年前期ともいう）

エリクソンの理論のなかで、とくに重要な位置を占める時期である。このころに自我同一性（アイデンティティ）を確立する。自分とは何かを問いなおし、親を越えようとする。また家族以外の人脈で信頼関係を結ぼうとし、それまで親の監護のもとにあった自分を否定し、「ほんとうの自分」を構築しようとする。第二次反抗期とも位置づけられる。

成人になってからの発達

エリクソンの理論はここで終わらない。彼の理論の特徴は、もっと長いスパンで人間の発達をとらえようとしたことにある。人間の発達は成人になれば完了するかのような理解をしなかったことは、彼の功績である。

エリクソンによれば、成人になってからも次のような発達が続く。

⑥成人前期（青年後期ともいう）

友人や異性と深い仲を築こうとする。配偶者をもつのもこの時期であり、周囲の人間との信頼関係を築いてゆく。

⑦成人期

それまでの蓄積をもとに、ひとりの成人として自立する。子どもを有する時期でもある。また家庭外でも、目下の世代に対して指導的な立場でふるまうようになる。

⑧成熟期（老年期ともいう）

成熟した成人として人生を受容し、ふり返る時期。生涯の終焉に向かい、自分なりの意味づけをおこなう。

このようにエリクソンの理論は成人した人たちの発達も対象にしている。しかし、子ども期の分析にくらべ、成人前期以降の分析は大雑把である。子ども期にくらべて年月は長いにもかかわらず、彼の提示したステージは少なく、また各ステージの特徴に関する分析も詳細さに欠けている。エリクソンは成人に焦点を当てたわけではないので当然かもしれないが、この理論ですべて事足りるとはいえない。

エリクソンの理論は大きな影響をあたえたが、まだまだ発展の余地を残していた。

生涯発達研究の進展

その後も発達心理学者のなかに、生涯にわたる行動や心理の変遷に注目した人たちがいた。しかし、発達心理学者の柏木惠子も次のように語るように、成人期や親の発達については十分な理論化や実証的蓄積がなされてきたとはいいがたい。[*1]

成人期の人格発達、とりわけ家族のメンバーとして親としての発達は、まだほとんど手をつけられていない。また、発達心理学に登場する親は、子どもにとっての親であり、ほとんど不変の、いわばモノ扱いとされてきている。

実証研究が少ないのは、研究の方法的な困難にも原因があるだろう。実験心理学とくらべればそのことは一目瞭然である。実験というのは最低一回、被験者に時間をとってもらうことで実行できる（もちろんそこにも手間はかかるが）。実験の結果は実験前後の数値で計測できるし、目にみえやすい。

一方の発達心理学は、数十年の変化を追うのであるから、その間ずっと、観察や実験の対象となる人たちに研究に参加してもらう必要がある。ある人物が数年後、数十年後にどう発達しているか、それを測定・観察することが求められる。つまり研究知見を得るには膨大な時間がかかるし、簡単に実証しにくい。

時代の影響を受けやすい分野でもある。戦前と戦後では人生の長さが違うし、特定の年齢で「ふつう」と思われることも異なる。それはなんら不思議なことではない。同様に、高度成長期の前後、あるいはバブル経済期の前後など、世代ごとに違った人生がある。現在の人たちを固定的にモデル化するのが普遍的研究とはいいがたい。時代に合った理論モデルを求めて、その都度刷新しつづける必要がある。まして人口動向や科学技術の進展などもあり、現在はかつてとはくらべものにならない速度で変化してもいる。

どの学問分野にも特有の困難さはあるだろうが、生涯発達に関する研究分野はこうしたむずかしさを内包している。

本書の意義①——「親としての発達」への注目

本書の議論は発達論のなかに位置づけられるものであるが、しかし発達心理学全般を網羅するものではない。むしろひとつの特化した視点をもっている。それは「親としての発達」という視点で

＊1　柏木恵子編著『父親の発達心理学』川島書店、一九九三年、三一一ページ

ある。
生涯発達の研究が対象にするのは、一般的に仕事や家庭生活、友人関係などを含めた生活全般である。しかし本書はそこまで対象を広げない。注目するところを、親子関係における一個人の成長や発達に特化している。

発達心理学者のやまだようこは、生涯発達研究におけるモデル構築には「見方」が重要であると説いている。[*1] 筆者はこれに賛同する。生涯発達は児童発達より複雑な人間関係や社会環境を対象とするため、個人の生活すべてを網羅しようとすると、モデル化の足かせになりかねない。本書ではひとつのテーマ、「親としての発達」に焦点を当てる。

「親発達」は、これだけで一分野を形成しうるような、社会的意義をもったテーマである。とくに本書でこれまでみてきたように、親の問題が噴出している現在の日本社会では、なおさら注目に値する。

しかし親発達（parental development）といういい方は、これまでほとんどなされてこなかった。発達心理学や生涯発達研究のなかでは、親としての発達を取り扱った研究が少なからず存在するのだが、それらはおおむね生涯発達のなかの一要素として「親」という役割を対象にしたもので、配偶者・祖父母・職場・近隣など、さまざまな役割のなかのひとつでしかなかった。

少し視野を広げれば、社会心理学や心理学にはたくさんの親子関係の研究が蓄積されてきた。なかでも多かったのは「親が子どもに影響を与える」という方向性からの研究であった。つまり親が何かしらの態度をとり言動をおこなうと、子どもに一定の影響が与えられる、ということが前提となっていた（本書第5章でも、より詳細に検討する）。

しかし、親発達の視点で重要なのは「親がどう変わりうるか」である。子どもの発達によって親の言動や態度も変化する。その視点で親子関係を研究することはこれまでさほど主流ではなく、研究蓄積もあまりなされてこなかった。本書では、「子どもがある年齢になれば親の言動も同時に変わってゆく」という、ごく自然に聞こえるがあまり研究対象にならなかった視点を大事にする。

実践でも同様である。発達心理学者の氏家達夫は著書『親になるプロセス』において、母親学級などの実践におけるこれまでの動向について、こう述べている。[*2]

育児書やあちこちで開かれている講習会の内容は、親の心理的変化についての研究にもとづいているのではなく、子どもの発達についての研究、あるいは子どもの発達に関わる親の変数についての研究にもとづいているのだ。

つまり実践でも研究でも、子どもの発達に重きがおかれているか、もしくは子どもに影響を与え

＊1　無藤隆・やまだようこ責任編集『生涯発達心理学とは何か』（講座　生涯発達心理学　第1巻）金子書房、一九九五年、五七ページ
＊2　氏家達夫『親になるプロセス』金子書房、一九九六年、四-五ページ

う親の要素（変数）に注目が偏っている。親自身に視点をおいた変化は、それほど注視されてこなかった。

ただし、これまで親の発達心理がまったく研究されてこなかったのではない。むしろ体系的な試みのなかで、なかなか整理されてこなかったといっているのである。親としてどんな発達段階があり、それぞれがどういう特徴を有するのか、それを整理することには意義があるのではないか。これまでばらばらにおこなわれてきた研究の知見や見解を、「親発達」という視点で整理する試みが必要なのではないか。それが本書の立場である。

前出の柏木惠子も、親としての発達について、日本ではこうした実証研究が少なかったことを指摘している。[*1]

> 親であること、親として子とかかわることが、親自身の成人としての発達に対してどのような役割を果たしどのような意味をもたらしているかについての実証的研究はきわめて少ない。

しかし柏木は著書『子どもが育つ条件』において、より近年の傾向を述べ、ようやく「子どものための育児研究」だけでなく「親のための育児、親にとっての育児研究」も注目されてきたと説いている。[*2] 柏木は、わが国の発達心理学者のなかで、親の発達に注目する数少ない研究者であり、その貢献はとてつもなく大きい。

家族社会学の視点

次に社会学に目を向けると、家族研究という一大分野のなかに「親の発達」に近い研究領域がある。そこでは家族の発達段階を対象に研究している。つまり人の一生を、家族の加齢・成長とともに理解する分野である。

ただしその特徴は、家族成員のだれかひとりに注目するというより、家族全体を分析主体として総体的にみることにある。つまり親個人としての発達ではなく、たとえば「新婚の時期」→「幼児を育てる時期」→「青年をもつ時期」→「子どもの独立する時期」のようにとらえる。代表的研究に米国のカーターとマクゴルドリックによる家族の発達段階論などがある。[*3]

こうした家族社会学的な分析から見出されるのは家族全体の時間的変遷であって、親個人の言動や心理の発達とはいえない。そこが本書でいう「親発達」と根本的に異なる点であり、社会学と心理学の視点の違いといえるかもしれない。

総じて「親発達」は、心理学でも社会学でも目に触れるようなかたちで公然とは語られてこな

＊1　柏木惠子編著『父親の発達心理学』川島書店、一九九三年、三一六ページ
＊2　柏木惠子『子どもが育つ条件』岩波新書、二〇〇八年、一九二–一九三ページ
＊3　Carter, E.A. & McGoldric, M., 1980. *The family life cycle*. New York: Gardner.

かった。そうであるからこそ、本書で試みる意義がある。

本書の意義②——「親になる前」への注目

本書の意義は「親発達」という視点をとること以外に、大きくもうひとつある。それは、発達論のなかに親を位置づけたうえで、これまであまり注目されてこなかったステージにも注目することである。

それは「親になる前」のステージである。

子育てに関する通常の言論では、妊娠し、実際に子どもをもってからが対象である。つまり親になるころからのステージがとりあげられる。また実践においても、たとえば母親教室や育児書などで教える内容も、実際に親になってから、もしくは妊娠してからが主流である。

しかし、本書では「親としての発達」は、親になる前から始まっていると主張する。親になったときの言動や考え方は、幼少時代からの経験が大きくものをいう。あたりまえのように聞こえるかもしれないが、つい忘れられがちではないだろうか。あとで説明するが、考えようによっては、親になってからより、その前の経験のほうがよほど大きな影響をおよぼしている可能性がある。

祖父母になる時期

また本書の特徴として、通常の親子論のなかであまり検討されていない部分にも焦点を当てていることがあげられる。それは自分の子どもが親になるステージである。いいかえれば、自分が祖父母になるステージである。この時期には、それまでの子どもとの関係性がまた変わり、独自の関係性を築くことになる。

平均寿命の伸びつづける現在の日本では、高齢になってからの時期が以前より長くなり、孫をもってからの時期も長くなった。この時期をどう過ごすかは、国民全体にとって、ますます重要な課題になっている。

◆この章のまとめ

成人になってからの発達に注目する研究は、これまでもなかったわけではない。しかし「親」の発達に焦点を当てて人生をステージに分類し、各ステージの特徴を説明する研究はまだ少ない。子どもの発達段階に応じて、親も、それを把握し、自ら発達してゆくことが必要である。

また、親になることは妊娠や出産から始まるのではない。もっと早くから原体験として始まっている。そこに注目した研究や実践もまだ不足している。

次章では、通常の子育て論よりも包括的なスパンで、親発達について論じる。親としてどんなステージがあり、それぞれにどんな特徴があるのか、また現在の親たちに欠けているとしたらどういった要素かなどを検討してみたい。

第4章　親の発達プロセス

本章では「親発達」という視点で、親が段階的に発達するプロセスを具体的にみてみたい。従来ばらばらに論じられてきた感のあるさまざまな知見を親発達のステージに整理し、著者なりの視点から今日的状況も分析したい。

ステージ区分について

各ステージを説明する前に、各ステージをどこで区切るかについて述べておきたい。

発達心理学でも、発達をどのようなステージに分けるか、そしてそれぞれのステージを何歳から何歳までとするかについては、さまざまに議論されてきたが、研究者間で一致していない。「XXステージは○～×歳ではなく、○～△歳であるべきだ」といった類いの議論は絶えない。そういう不確定性はあっても、発達論に携わる人たちは、発達の全体的な趨勢を把握することを求めて、あえて理論化や抽象化をしているのである。

本章で提示する区分もその例外ではない。とくに、親発達は、子どもとの関係において変化するものであるから、結婚の時期、子どもをもつ時期、それぞれ個人差がたいへん大きく、年齢でくくることは当然ながらできない。また、すべての人が各ステージを同じ歩調で発達していくともいえない。あくまで、目安として理解していただきたい。

本章の区分は著者独自のもので、他の研究者の時期・特徴・名称などを踏襲してはいないが、これまでの研究を踏まえている。先人たちのさまざまな論考をもとに筆者なりに区分をおこなったことを断っておく。

【六つのステージ】

本章では次のように各ステージ（第一〜六ステージ）を区分し、それぞれの特徴について論じてゆく。

一　原体験期
二　直前期
三　育児期

四　学童親期

五　青年親期

六　巣立ち期

以下、各ステージをひととおり抽象的・理論的に解説したあとで、いまの日本社会における親について具体的に考える。そうすることで、今日の親の問題点を鮮明にしたい。

第一ステージ——原体験期（幼少・青年期）

第一ステージは、子どもをもつ前（正確には女性が妊娠する前まで）の時期である。このステージはきわめて重要であり、その後の人生で自らが子どもをもち、親としてふるまうための原体験となるもので、長期にわたって大きな影響がおよぶことになる。いわば親としての準備期間である。人は小さいころから子どもの立場で親と接触し、さまざまな経験をする。親とどんな関係性をもったか、親は自分に何をしてくれたか、そういった原体験は心の奥底に残る。子どもができて初めて親になる資質が身につくのではない。すでに幼少時代から、将来どんな親になるかを大きく左右する能力の芽が育まれはじめている。

周囲の子どもたちと接するのも、このステージの体験のひとつである。弟や妹、親戚の子ども、または近所の子どもたちなど、だれでもよい。抱っこしてあげたり、おむつを替えたり、食べ物を食べさせてあげたり、話しかけたり、あやしたりしてあげる。小さな子がむずかるときに泣き止ませる努力をしたり、勉強を教えたりもする。

また、子どもにはいろいろなタイプがいることも、このステージで知る。子どもとの関係において、自分の思いどおりばかりにはいかないことも学ぶ。ときにはだれかの手を借りねばならないし、我慢もせねばならない。子どもと接するのは楽しいことばかりではなく、嫌なこともあるし、柔軟な考えや対応が必要なことも感じてゆく。

こうした経験を通じて、子どもとの距離感を体で学ぶ。離れすぎてもいけないし、近すぎてもいけない。また、子どもは年齢によって気質が異なり、それに応じた距離感があることも知る。自分が親になったときに、それは活かされるものである。

自分と目前の子どもだけでなく、多くの子どもに接することで他人の子どもの存在を意識するのも、このステージの貴重な体験である。目前の子どもだけが幸せならばよいのでないことも実感する。きょうだいや他の家の子どもへの配慮もするようになる。仮に目前の子がいくらかわいく従順であっても、自分の所有物ではないということもわかる。

原体験の重要性

以上の分析の信憑性は、他の論者によって同様の見解が表明されていることでも確かめられる。

たとえば、心理学者の小嶋秀夫は「養護性」(nurturance)という概念をキーワードにして、次のように論じている。[*1] 養護性とは「相手の健全な発達を促進するための共感性と技能」である。

最近の研究によると、養護性の発達の芽は幼児期にある。幼児は男女児とも幼い対象に親近感と興味をもっているだけでなく、おとなが関与することによって、幼児の赤ん坊へのかかわりが増加する……(中略)……つまり、人間は幼いときからその養護性を発達させる可能性をもっている。しかし筆者……(中略)……も述べたように、わが国の若い世代はその成長過程において、家庭でも地域社会でも、幼い子どもの世話に参加したりそれを観察する機会が少なくなっているのが現状である。(九二ページ)

また「親準備性」(レディネス)という概念で、この時期の重要性が語られることがある。たとえば尾形奈美らの心理学的研究では、父母がどんな養育行動をしていたかが後の「乳幼児への好意感情」や「育児への積極性」などの親準備性に関係していることが実証的に示されている。[*2] また他の実証研究によっても裏づけされている。たとえば心理学者の花沢成一は、著書『母性心

＊1　小嶋秀夫「親となる心の準備」繁多進・大日向雅美編『母性』新曜社、一九八八年、七五-九六ページ
＊2　尾形奈美・大塚由希・吉田真弓「育児準備性に関する日米比較研究」『家庭教育研究所紀要』第21巻、一九九九年、九六-一〇五ページ

理学』のなかで、子どもとの接触経験と育児態度についての調査結果を報告している。[*1] 成人前の人たちを対象にしたその調査によれば、親になる前の時期（具体的には小学生から高校生まで）において、小さい子たちとの接触経験が豊富な人ほど、育児への肯定的な感情が強い傾向にあるという。原体験の重要性およびそれが育児態度に与える影響について報告した意義深い研究である。

要するに、親から受けた体験やほかの子どもとの接触体験などの原体験が、親になるための準備として蓄積されてゆき、後の子育てにおける態度・行動に大きく影響を与えるということである。この時期の重要性は、改めて次章で取りあげたい。

第二ステージ――直前期（妊娠期）

第二ステージは、第一子の妊娠がわかり、初めて親になる直前の時期である。子どもはまだいないが、近い将来、親になることは決定している。世間のたいていの育児情報や親向けの知識は、早くてこの時期からを対象としている。

母親が妊娠してから出産するまでのあいだ、母親と父親はどちらも独特の心理状態をもち、独特の言動を表明する。その後のステージにも継続的に出現する「父親と母親の違い」は、この第二ステージですでに現われる。

この時期の母親

まず母親は体の変化を直接に感じ、親になることの喜びや期待をもつ。しかしその反面、それまでなかった体調不良やストレスを経験するようになる。好きなものを食べたり飲んだりしにくくなり、生活が制限される。毎日の体調管理が妊娠前とはくらべものにならないほど厳しくなる。就労している母親ならば、仕事の継続も考えなおす必要が出てくる。

気持ちとしても「ほんとうに出産できるだろうか」「流産しないだろうか」「死産することはないだろうか」など、いろいろな思いをめぐらす。現在のようにメディアの情報が氾濫する社会ではたくさんの情報を見聞きするため、よけいに惑わされやすい。人によっては行政や病院・産院主催の母親学級や乳幼児学級などに顔を出したりもする。

ひと言でいえば、ポジティブな感情とネガティブな感情を同時に強くもつのが、この時期の母親の特徴である。さまざまに思いをめぐらせ、ときに不安を募らせたり、ときに安心感や期待感を抱いたりする。

この時期の父親

父親のほうも、この時期に親になることへの喜びや期待をもつ。ただ、父親のあり方にはかなり

＊1　花沢成一『母性心理学』医学書院、一九九二年、七九‐八五ページ

個人差があることが指摘されている。父親になることを肯定的にとらえる人もいれば、重荷に感じる人もいる。あるいは前ステージとあまり変わらず、親になることに無自覚な人もいる。自分の体が直接変わってゆく母親とは違いがある。

父親はこの期間、母親（妻）のサポート役として人間的に成長する可能性がある。体の変わりゆく妻の姿をみて、精神的な支えになったり、気持ちを共有したりする。

しかし一方で、サポート役として十分に成長できない男性もいる。あるいは「何かしてあげたいという気持ちはある、しかし知識や経験が不足しているため、何もできない」という男性たちもいる。つわりに苦しんでいる妻に対して何もできない夫たちは、しだいに無力感を覚えてゆく。

父母ともにこの時期は次の家族形態への移行の準備をおこなう。つまり家族が増え、二人きりではなくなることへの準備である。しかし、ここでも母親と父親に違いが生じる傾向がある。父親は産まれてくる子どもと母親が親密であろうことに疎外感を感じる可能性がある。先の無力感とも無関係ではない。

従来、生涯発達研究において男性が分析されたのは、その多くが家庭外におけるあり方であった。いわば社会人としてどういう発達をしたか、についてだった。たとえば、新入社員のころとか、部下ができるころとか、管理職になるころとか、そういったステージで分類され、研究されてきただけであった。男性の家族生活における研究の蓄積の少なさが、親としての男性の発達の理解の乏しさにも反映されていた。

柏木惠子は著書『親の発達心理学』のなかで、出産に立ち会う夫と、立ち会わない夫では、その後に違いがある可能性について論じている。[*1] 出産に立ち会う夫はその後の子どもの世話や育児に積極的にかかわる傾向にあるが、立ち会わない夫はさほど積極的ではないという。つまりこの時期の夫の言動は、単なる「出産前」の一経験として終わらない。その後の子育てを左右しうるほどの、重大な意味をもっている。

ただ、ここでひとつ考えたいのは、夫たちは出産に立ち会うからこそ子育てに積極的になるのか、それとも、もともと子育てに積極的という潜在的傾向をもっているからこそ出産に立ち会うのか、という問題である。

もし後者が正しかったとしたら、なぜその夫たちは子育てに積極的な潜在的傾向をもっているのだろうか。あるいは、なぜ無自覚な夫もいれば、妻のサポート役として成長する夫もいるのだろうか。それこそが重要であり、父親の発達を理解する鍵となるだろう。第一ステージの原体験も、おそらく影響しているかもしれない重要な点である。本章の後半でまた論じたい。

妊娠期の意味

妊娠の時期は、子どもがまだいないにもかかわらず、親にとって非常に大きな意味がある。これ

＊1　柏木惠子『親の発達心理学』岩波書店、一九九五年、一七二ページ

から生まれてくる子どもに対し肯定的になるか、否定的になるか、このステージのあり方が父親・母親ともに、のちのち大きく関係してくる。

柏木惠子は前掲書『親の発達心理学』のなかで、この時期に否定的態度をもってしまうと、のちに子どもを「かわいい」と思う気持ちが減少してしまう可能性があると論じている。*1「自分はほんとうにいま、子どもを欲していたのか」「子どもをもつことが自分の人生にどう影響してくるか」、そうしたことを自分のなかで整理できているかどうかが、子どもへの態度にあらわれてしまうという。もちろんこのことがのちのすべてを決定してしまうということではないが、こうした事前態度の影響は無視できない。

このステージを何歳のときに迎えるかも個人差のあるところである。若くして子どもをもつ人もいれば、晩年になって子どもをもつ人もいる。先にも述べたように、ここでのステージ区分に年齢区分を明記していないのは、大きな多様性があるからである。

年齢に関して、若くして親となるメリット・デメリットについて少し述べておきたい。もちろん、すべての親にいえることではなく、例外もあるが、全体としての傾向として理解していただきたい。デメリットは、たとえば、若ければ考えが柔軟であること、体力があることなどがあげられる。デメリットは、自己確立が十分でないこと、若いゆえに余裕のある対応に難しい局面もあること、経済面が安定していないこと、結婚して間もないため、夫婦関係自体がまだ不安定であることなどが考えられる。

一方、年配になってから親になるメリットは、経済基盤が比較的安定していること、人間的に成熟した対応ができることなどがある。デメリットは、それまで過ごした二人の生活に慣れている場合、新たな家族成員の増加に適応しにくいこと、若いときほどの体力がなくなってくることなどがある。

第三ステージ——育児期

次の第三ステージの「育児期」は、子どもが誕生してから小学校に入学する前まで、乳幼児の親として過ごす期間をさす。

ただし、小学校入学と同時に親のあり方ががらりと変わるわけではない。また、複数の子どもをもつ親なら、同時にその前後のステージも経験しているかもしれない。くり返しになるが、このステージに限らず分類は、あくまで抽象化・理論化のための目安である。

子どもはこの期間に発達心理学でいういくつかの発達ステージを経験する。最初は乳児として親との愛着を経験し、この世に無条件で信頼のできる存在がいることを知る。認知論的にいうと、乳児のころは親（とくに母親）と自分の境界が曖昧であるともいわれている。

＊1　柏木惠子『親の発達心理学』岩波書店、一九九五年、七四-八五ページ

二～三歳ごろには、第一次反抗期を迎える。母親と自分の区別がつくようになり、自己主張ができるようになる。親のいうことに以前ほど従順でなくなり、拒否することも覚える。一般的に発達心理学では、これらの反抗や主張は親から分離するために必要な行為であると説明される。

この反抗期を越えると、やや社会性を帯びた言動をおこなうようになる。まだ程度は低いものの、他者との協調性を少しずつ覚えてゆく。

これが当ステージの子どもの発達の概要である。

この時期の親

このステージの親について考えてみたい。前ステージと明確に異なるのは、実際に子どもをもち、育児をおこなっている点である。

母親は授乳したり、身のまわりの世話をしたり、身体的に接触したりで、子どもと一緒に過ごす。出産という一大事を乗り越えた自信があるのも、前ステージとは違う。子どもをもった責任感や、わが子を守る自覚なども出てくる。たとえ仕事に復帰していても、前ステージとは根本的に異なる生活を送る。

父親にとっても、子どもができたことの責任感や自覚などはもちろん母親と同様である。しかし、少なくとも生後一年ほどは、前ステージに近い気持ちをもたざるをえない。つまり、乳児と接する時間が母親より平均的に少ないのが（よかれあしかれ）現状であり、自らの体で授乳することもできない。自分で何もできず、妻と乳児をかたわらで見守る状況も少なからずある。ときには無力感や疎外感を感じざるをえない。妻や子どもに嫉妬することもあるかもしれない。

しかし、子どもの年齢が高くなれば、父親の関与できる機会は増えてゆく。柏木惠子は前掲書『親の発達心理学』において、父親には父親の独自のかかわりがあることを述べている。[*1] 父親は母親と違って、たとえば身体を使った遊びが多いこと、しつけをするときに権威に訴えて直接的に叱ることが多いことなどが、かかわりの特徴だという。

同様に心理学者の加藤邦子も、親がリードするような遊び方においては、父親は母親と違うという。つまり、父親はとても柔軟な姿勢をとりがちであることを、観察結果をもとに報告している。[*2]

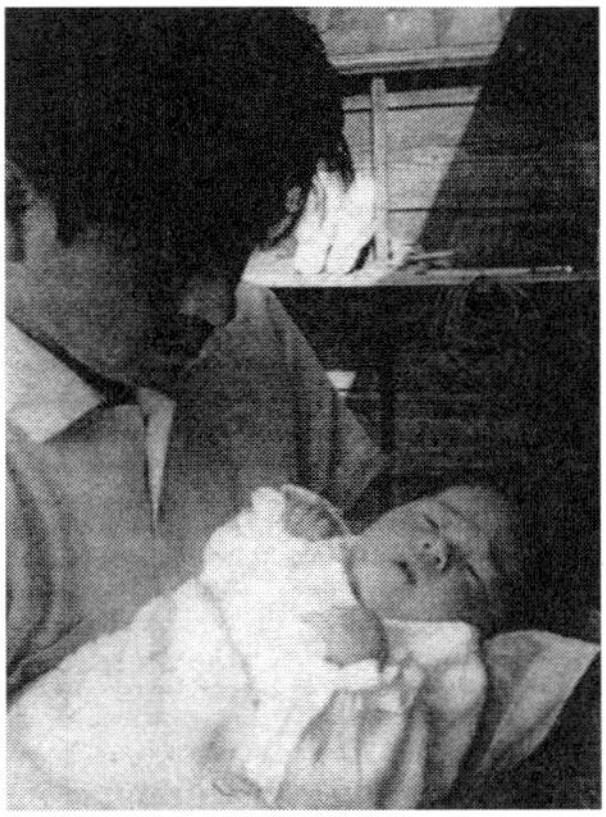
乳児期のわが子に父親がしてやれることはまだまだある

ほんとうは、この時期に父親が関与できる余地は多々ある。母乳をためておき、母親に代わって哺乳ビンで授乳することもできる。外出するときにベビーカーを押すこともできる。あげればきりがないが、実際そうする父親は以前より増えた。しかし依

＊1　柏木惠子『親の発達心理学』岩波書店、一九九五年、一五三ページ
＊2　加藤邦子「父子あそびと母子あそびのタイプの比較」『家庭教育研究所紀要』第24巻、二〇〇二年、九九－一〇九ページ

然として、母親とくらべて少ない時間しか育児をしていない。

親たちはこうしたさまざまな経験をしながら、二人で過ごしてきた夫婦だけの生活とは違う形態のなかで、新たな関係性を築いてゆく。うまくいかなければ夫婦関係が危機に陥ることだってある。親になることは、それだけリスクを背負うことでもある。

別個の存在としての子ども

このステージでは、とにかく愛情を注ぐことが求められる。この世に誕生したことの喜びを子どもに伝えつづける。すべてが楽しい経験ばかりではないかもしれないが、根本的には、子どもに愛情をもって接することが必要である。

だが、第一次反抗期を迎えれば、子どもの成長に応じて徐々に態度を変える必要もある。たとえば、子どもを「自分の分身」ではなく、「ひとりの別の人間」として扱う必要がある。徐々に心理的距離をとってゆき、子どもの側がそうするように、親のほうからも別の個人として認めたうえで、関係性を築いてゆく。まだ保護してあげねばならないし、とても親の手を離れて生きてゆけるとは思えない。しかし、子どもには子どもの個性や意思があり、いくら親といえども操作・介入できない面がある。

子どもの反抗や自己主張が理解できないことも多々あるだろう。そのときは親が忍耐強く接したり、子どもに我慢させたりすることが求められる。そうして反抗期を乗り切ってゆく。

また少したって、保育園や幼稚園などに通うようになれば、ほかの家の子どもたちの様子も見聞きするようになる。自分の子どもとの背丈の違いや行儀の違い、つくる作品の違いなどに、親は気づくことになる。子どもは家族の外で友人をつくるようになり、保育園や幼稚園の先生たちともかかわるようになる。それを子どもの発達のために望ましいと思って見守るのも、親の大切な役目である。「うちの子は他人ともかかわりながら成長してゆく」と実感することになる。

しかし、こういう筋書きどおりにいかない親も多い。それについては本章の後半で論じたい。

第四ステージ――学童親期

第四ステージは、子どもが小学校に入学してから反抗期（第二次反抗期）の前までのあいだである。いわゆる学童の時期である。親にとっては「学童の親」なので、本書ではこのステージを便宜上「学童親期」とよぶことにする。

前ステージの最後で、子どもは学校に入学する前に社会性を帯びた言動をするようになってくると述べたが、この第四ステージでは、子どもに社会性がより高度に求められる。あわせて勤勉さも求められる。集団生活、競争、協調など、家族外での人間とのかかわりのなかで子どもは成長してゆく。

子どもはこの時期をとおして、わがままな自己主張ばかりでは生きてゆけないことを知る。それまでとちがって、自分がうれしいか、楽しいかだけでない基準でも動くようになる。

また、他者からの正当な評価を気にするようになり、家族外の人たちに認められることを喜びと感じる。仲間の大事さも体感する。社会には規範があることを知り、守れるようになる。たとえば学校の規則や交通ルール、あるいは仲間うちのインフォーマルなルールなどがその例である。スポーツのルールも同様である。いずれにせよ、規範のなかで他者との関係性をもち、物事に勤勉性をもって臨むことを習得してゆく。

依然として親は重要

親は、このような子どもの特徴を理解することが求められる。子どもは家族の外で重要な人脈を築いてゆく。たとえば友人や学校の先生、習い事や塾の先生など、たくさんの人たちとかかわるようになる。そういったなかで集団行動を体験してゆく。そして人とかかわるためのルールや善悪の判断を体得してゆく。親はそのサポートをすることが望まれる。

子どもは前ステージまでとは違った基準を自分のなかに有するようになる。以前は親のいうことを守り、いい子でいるのが行動基準だった。しかし、その基準だけがすべてでないことを知る。そして、自分のことを指導したり教育したりするのが親だけではないことも知る。物事を達成したときにほめてくれるのも、ルールにそぐわないことをしたときに叱りつけるのも、親だけではないことを知る。

ここで親は、自分だけがしつけの主体ではないことを認識し、親のいいつけを守ることだけが子どもの生きてゆくすべてでないことを知る必要がある。自分の目前で達成したことでなくとも、どこかで課題を達成したときには、親もまた十分にほめてあげるとよい。同様に、どこかで子どもが悪さをして、叱られたときにも、ただ見過ごすのではなく、善悪の判断をしっかりと伝えるとよい。外部の評価を理解したうえで、親としての評価をするのである。

子どもにとっては、外の人たちがいくら重要になろうとも、親が依然としていちばん重要な存在である。このステージでそれは揺るぎない。子どもは「親が最優先」と（無意識に）思っている。「親の評価なんて関係ない、自分の基準で動ける」という強い自己は確立していない。換言すれば、親以外の存在がいくら重要になっても、それらが親にとって代わるのではなく、もろもろの指導がまだ親によっておこなわれるべき余地が大きいのが、このステージの特徴である。

さらにいえば、家庭生活の不安定さは子どもに直接の大きな影響を与える。両親の婚姻関係の不安定さが子どもの自尊心や学業成績に大きく影響を与えうることは、米国の実証研究でも証明されている。[*1]

またいくら学校で人間関係がうまくいっていても、親子関係の問題は大きく学校生活に影響を与

*1　たとえば、Conger, R. D. et al. 1997. "Family economic hardship and adolescent adjustment." in G. J. Duncan & J. Brooks-Gunn（eds.）, *Consequences of growing up poor.* New York: Russell Sage Foundation, pp.288-310.

える。めだった問題がないように見える生徒が、いつしか学校の成績が下がったり、あるいは友人や教師との関係がうまくいかなくなったりすることがある。理由を聞くと、どうやら両親の不仲や離婚が影響している、そんな話は学校現場でさほど珍しいことではない。

このステージの親は微妙な立ち位置にいる。唯一の答えや、だれにでも通用する正解はおそらく存在しない。自分たちのおかれた状況や子どもの個性などに合わせて、そのつど答えを模索してゆく必要がある。ただ、親以外の人たちも重要になってくることを認識すること、外部での評価も認めてあげること、かといって親が依然として大きな役目を担っていることは、このステージに共通する特徴といえる。

第五ステージ――青年親期

第五ステージは、子どもが思春期と青年期の時期、つまり第二次反抗期のころの期間である。多くの子どもは小学校時代の終わりごろから中学校入学のころにかけて第二次性徴期を迎え、容姿が変化してくる。背丈は大人に近くなり、体毛が発達し、声が変わり、性差が顕著になる。

子どもにしてみれば、明らかにそれまでの自分とは違う姿かたちになってゆく。日に日に自分の姿が変わってゆくことを受け、外見が気になって仕方がなくなる。まわりの友人をみると、個人差の激しいことを感じる。成長の早い子もいれば、遅い子もいる。友人と自分の違いにも敏感になる。

同時に、それまでの自分を疑うようになる。本当の自分とは何か、この先どうしてゆくのか。不安や疑問の入り混じった気持ちで日々を過ごすことになる。

この時期に子どもたちは親とのつきあい方をかなり転換させる。一緒に外出することを避けるようになったり、友人に話せても親には話せない秘密をもったりする。親の生き方や毎日の生活のあり方に疑問をもつようになり、親が自分に指図してくるのがうっとうしくなる。

家族社会学者の野沢慎司は小学校高学年から高校生までの親子関係を分析し、この時期の子の加齢は親子関係の紐帯を弱めることを報告している。[*1]

発達心理学者エリクソンは、この時期の子どもたちの言動を「アイデンティティ」の獲得という文脈から説明した。アイデンティティとは「自分とは何者か」という理解である。いわゆる自分探しがこの時期にさかんにおこなわれる。自分はどんなものが好きで、どんなものが嫌いか。どんなときどんなふうに感じるか。どんな個性をもっているか。どんな生活を送っていて、どんな人たちとつきあいがあるか。そうしたものを手がかりに自分自身を理解する。それがこの時期の特徴である。

さらに、自分探しのためにそれまで生きてきた人生をふり返り、ときに否定し、自己というもの

＊1　野沢慎司「核家族の連帯性とパーソナル・ネットワーク」『季刊家計経済研究』２００１冬号、二〇〇一年、二五‐三五ページ

を再構築してゆく。親のいうとおりに生きてきたことを否定的に解釈することもある。親に反抗することもある。

しかしエリクソンによれば、これらは大人になるために必然の作業である。親への不服従や反抗は、成長のために「必要なこと」であると解釈される。逆にこれがなければ、いつまでも独り立ちできない。親の庇護から離れられない。

精神科医フロイトもこの時期の青年の心理に言及し、親への反抗を「象徴的親殺し」とよんだ。ほんとうに親を殺すのではなく、自分の意識のなかで、親を越えようとするのである。こうして「象徴的に」親を殺し、親がいなくても自分が生きていける独立性を確立しようとするのである。

第二次反抗期の親の役割

「反抗期に子どもが親に反抗するのはある意味当然である」ことを前提にするのが、今日の発達心理学の主流である。とすれば「反抗しないことのほうが問題である」とも考えられる。

反抗期に親はべたべたしすぎないほうがよいだろうし、いつまでも子どもと一緒に外出しようとするとか、いろいろ指導・教育しつづけるとか、きめ細かに気遣うとかは、もう望まれる年齢ではない。子どもの独立性を衰退させかねない。

また、子どもに「よい子」でいることを求めるべき段階でもない。だから「うちの子には反抗期がない」と誇らしげにする必要もない。反抗期のないことがよい親子関係だとは必ずしもいいきれない。この時期にしっかりと親離れしないと、子どもは健全な発達に支障をきたすだけでなく、親自身も子離れできなくなってしまう。いつまでも子どもに干渉し、小さいころのままの接し方を続けてしまう。「この子はそれを望んでいる」と誤解してしまう。

それに、仮に子どもが反抗しない「よい子」にみえても、子ども自身は本心でそれを望んでいないかもしれない。自己を抑圧し、規制をかけているだけかもしれない。それは非常に危険であり、ふとしたきっかけで思いもよらない行動に発展しかねない。子どもはもう前ステージまでのように、最終的に親を頼ってくる少年少女ではない。大人の一歩手前として十分な腕力や知力をもち、人脈や思いをもちはじめている存在である。

しかし、かといって「子どもが反抗するのはあたりまえだ」と開きなおり、反抗をすべて肯定するのもどうだろうか。目に余る言動もあるだろうし、犯罪や暴力などの反社会的行動もあるかもしれない。それらを黙視し放任することが親の最適の選択ではない。

この時期、親には「毅然とした態度」が求められる。人間としての成長度をこれほど意識することもないというぐらい、親は自分をしっかりさせねばならない。どれだけ自信をもって現在の生活を送っているか、人生を過ごしてきたかが問われるといっても過言ではない。自分の姿を毅然とみせつつ、必要に応じて子どもと正面から向き合う。その後の成長を信じつつ、善悪の判断や社会のルールを伝える。

子どもは「アイデンティティの獲得」を通して成長しようとしているのである。ただ反抗し、親に迷惑をかけたいだけではない。この時期、親は信じつづけるしかない。

第六ステージ――巣立ち期

第六ステージは、子どもが第二次反抗期を終えて、成人になる時期である。

よくある世間の子育て情報の多くはこの第六ステージまでを対象とせず、前のステージで終わっている。また研究をみても、親子関係についての関心は子どもが小さいころに集中しており、成人した子どもと親の関係の研究はほとんどないといってよい。

しかし忘れてならないことだが、親としての発達は子どもが成人となってからも続くのである。新たな様相を呈しながら、前ステージとは違った関係性を築く必要がある。

第二次反抗期を終えると、子どもは健全にいけばアイデンティティを確立しており、成人として歩みはじめている。学生か、就職した社会人かなどはともかく、少なくとも親から心理的に独立している。自分なりの行動倫理をもち、親の手を借りずに社会をわたりはじめている。学生であってもアルバイトのできる年齢になるなど、親にすべてを依存しなくなる。

場合によっては、子どもが生家から巣立つようになる。

たとえ生家を離れないまでも、心理的・経済的・社会的に自立する例もある。文字どおり、子どもの「巣立ち」を経験するのが、この時期の一般的な特徴である。

子どもの結婚、孫の出現

子どもが結婚するのもこの時期の大きな出来事である。子どもにとってみれば、第二の家族をつくることになる。親にとってみれば、自分たちの家族から子どもが抜けることになると同時に、新しい人（子どもの配偶者）を外から迎え入れることにもなる。実子ではないが親子という関係性を新たにもつことになる。親と同居しようがしまいが、変わりはない。

さらにこの時期には、子どもがその子どもをつくる可能性がある。つまり孫が誕生する可能性がある。親たちはそれまでの「子どもとの関係」だけでなく、もうひとつ「孫との関係」をも築くことになる。自分からみて、複数の親子関係をかかえることになる。

孫の育て方について、子どもに助言・指導する可能性もでてくる。それまで教えなかった子育てというものを、子どもに教えることになるかもしれない。

この時期の親の役割

子どもが生家から巣立つ場合、そのことによって「空の巣症候群」（empty nest syndrome）という症状をもつのもこの時期である。それまで子育てに奮闘してきた親が大きなものを喪失してしまい、虚脱感を覚え、何事にもやる気を欠いてしまう症状をいう。

こうした事態に陥らないために、前もって親たちは「子どもはいつか家を出る存在だ」と認識しておく必要がある。また、子育て以外の活動や生きがいをみつけておき、日常に組みこんでおく必要もある。平均寿命がのび、子どもの巣立ちを経験してから亡くなるまでの年月は、以前よりずいぶん長くなった。子どもが巣立ったあとの生きがいや日常生活について、ますます前もって意識すべき時代になった。

またこの時期には、家族の再編成も経験する。子どもが巣立つケースでは、新婚のときと同様に配偶者と二人の生活に戻ることになる。そして子どもの配偶者が新たに家族になる。孫も誕生する。自分の親が亡くなることも経験するだろう。要するに家族人員の出入りが激しく、家族としての境界が流動的な時期であることを心得て、柔軟に対応する必要がある。

孫との関係についていえば、孫は子どもとは違う。孫にとってみても、祖父母は親とは違った長所をもつ。それは、親よりもゆったりと余裕をもって接してくれることだったり、親のような細かな教育・指導が少ないことだったり、すでに子どもを育てあげた経験からくる包容力だったりする。それらが孫にはとても心地よく、おおらかで受容してくれる存在と認識される。孫が祖父母のことを好きになりやすいゆえんでもある。

しかしこの時期、せっかく子どもが一人前になり新たな家庭をもったのに、まだ前の親子関係をもちつづける例もある。昨今、なかなかよき祖父母になりきれず、子どもにあれこれ子育てのことを口うるさく干渉する親がいる。これは子どもと同居しようとしまいと、ありえる姿である。本章後半でまた論じたい。

【いまの日本社会における親たちの様相】

さて、ここまで各ステージを概観してきたが、次にいまの日本社会における親たちをステージごとに分析してみたい。これら六ステージのどこで、どんな問題が生じているのだろうか、どんな発達上の欠陥が生じているのだろうか。

どこかで何かが欠けているからこそ、未熟で常軌を逸した行為をする親が出てくるのだと考えられる。以下、各ステージについて順を追ってみてみたい。

第一ステージ——原体験期

子ども時代、十分に乳児や幼児と触れあったことのある人が少なくなった。これは大きな問題である。先にみたように、本来このステージで多くのことを学ぶことができる。それを経験として蓄積させながら、自分が親になるときの準備を（無意識にでも）してゆく。こうした経験が欠けていることは、後の各ステージに影響を与えかねない。

またこの時期は若さゆえ、柔軟な思考ができ、固定観念にとらわれずに子どもや子育てというものを理解できる時期である。後の章で論じるように、この時期に「親になること」を学習することには、甚大な効果が期待できる。

欠落する原体験

原体験期における小さな子どもたちとの体験が、後に大きな影響を与えると考えられる。しかし現在では、弟や妹、親戚の子どもたち、あるいは近所の子どもたちなどとふれあう機会が非常に少なくなった。よって、小さい子を抱いたり、一緒に遊んだりする機会もなければ、泣いている子を工夫してあやす必要もない。小さい子とのコミュニケーションの楽しみだけでなく、つらさや大変さも体験できない。

きょうだいどうしのふれあいから学ぶことは多い

臨床児童心理学者の深谷和子はこのことを実証的に示している。およそ一〇歳の年齢差をもつ二つのグループの親たち（高校生の親と、幼稚園生および小学生の親）をくらべてみると、前者（つまり年長の親グループ）のほうが小さいころの子どもとの接触経験が豊富であるという。一〇年の差でみただけでも、若い世代がますます経験不足になっていることがわかる。[*1]

また、現在は他の家の親子関係を見聞きする機会にも欠けている。そのため、自分の育った家庭の親子関係しか知らず、多様な親のあり方が存在することを知りにくい。

子どもとの距離感を体得する機会も十分にない。くっつきすぎてもいけないし、離れすぎてもいけないことをこのステージに実感できない。いろいろな年齢の子どもとふれあう機会が少なく、そのため相手の年齢に応じた対応も習得できない。また一度に多くの子どもと接する経験もほとんどないため、子どもとの関係を二者関係以上の複雑さで理解できない。このように問題をあげればきりがない。

こうして子どもと接する経験や親としての準備体験があまりないまま、わが子をもつことになる。この時期の原体験に欠けたまま、いまの日本社会で親は、たとえば異常なほど近い距離感をイメージしてわが子をもつことになる。さらに、年齢によって親の対応を変えるべきこともわからないままである。

原体験的家庭での父親不在と母親負担

くわえて、いまの日本の親たちは父親不在の家庭に育った者が多い。正確にいえば、両親ともに健在だったとしても、父親が子育てにほとんど関与しなかった時代に幼少期を過ごした人が多い。高度成長期からバブル経済期のころまで、父親が家庭生活に参画する雰囲気は希薄だったといってよい。帰宅するのは毎日遅かったし、休日もよく出勤した。たとえ家庭にいたとしても、父性を発

＊1　深谷和子「『親性』とペアレンティング」『家庭教育研究セミナー報告書——子どもの社会化と「ペアレンティング」』国立婦人教育会館編集・発行、一九九二年、六七‐八五ページ

揮するに十分な権威が付されていなかった。こうした父親に関する原体験は、自分が親になったときのあり方に大きな影を投げかけている。

たとえば、子どもの成長には父親的な役割を果たす存在が必要だと思っても、どうしてよいかわからない。男性は父性の示し方がわからないし、女性は父性とどうつきあってよいかわからない。

一方、原体験の中心には子育てを一手に引き受ける母親の姿があった。いまほど問題として顕在化していなかったかもしれないが、一心に子どもに愛情を注ぎこむ母親のモデルを、次世代がつくりあげるには十分だったかもしれない。

こうした一連の経験は、次のステージ以降に大きな影響を与えている。

第二ステージ――直前期

次は妊娠の時期（第二ステージ）における今日の問題である。この時期には、近い将来の子どもの誕生にむけて親たちが両面的な感情をもちがちである。つまり、生まれてくる子どもへの期待や、親になる喜びといったポジティブな気持ちと、同時に襲ってくる不安や心配という二面性である。親の男女差も顕在化してくる。父親は不安だけでなく、妻をサポートしきれない無力感を覚え、これから迎える親密な母子関係への疎外感さえ感じてしまう。

こうしたネガティブな感情は（ある程度しかたないにせよ）少ないにこしたことはないと指摘さ

れている。というのは、子どもへの態度が、このネガティブ感情に影響を受けてしまうためである。ネガティブ感情を軽減させる糸口は、ひとつは原体験のなかにある。原体験いかんによっては、妊娠期の不安を少なくする可能性があると思われる。

現在の親たちの妊娠期の不安は、具体的に何に対してどう不安であるという明白なものというよりも、むしろ経験が少ないための、漠然とした不安である。実体験に勝る情報はないといってもよいが、現在は実際の体験がないのに、いろいろな情報だけはあふれており、育児書やテレビ番組、雑誌などさまざまなところから、子育て不安を軽減させるための情報だけはたくさん耳に入ってくる。こうした状況は、かえって不安をあおり、不安を蓄積させる結果になっているのではないだろうか。たとえこうした情報に接して気がまぎれるにしても、一時的なものにすぎない。

さらにいえば、妊娠期にいくら情報を仕入れ、いくら子育ての講座や教室などに参加しようとも、それは多くが妻の側の努力である。残念ながら父親は休暇をとるでもなく、講座に参加するでもない。妊娠や誕生に関する情報があふれ、妊婦をサポートする公的な機会が増えようとも、この男女差は解消されがたく存在する。

もっと早い時期に、男性も実体験として乳幼児に触れることができれば、状況は変わりうるのではないだろうか。子どもへのネガティブ感情は少なくできるはずである。また、不安や疎外感を抱えやすい男性にも、原体験はプラスの効果を与えうると思われる。

「父親が出産に立ち会うかどうか」も、子どものときの原体験に大きく左右されうるといってもよい。先述のように、出産に立ち会うことが後のステージに肯定的影響を与えうると指摘されているのであるから、原体験の効果は注目に値する。

男性のもつ父親像というものは、一朝一夕に形成されるものではない。妻が妊娠したからといって急には変われない人も多い。妊婦や乳幼児に敬意を払い、出産や子育てに男性もかかわるのが自然という態度をもって成人になるには、やはり幼少期からの経験が関係してくると考えられる。

第三ステージ――育児期

次に、育児期（第三ステージ）における親の問題について述べたい。

子どもが誕生し、小学校に上がるぐらいまでのあいだに問題行動を起こす親が少なからず存在する。その最たる例が児童虐待である。虐待を受ける子どものうち、この年齢幅の子の割合はおよそ半数におよぶ。[*1] もっといえば、虐待によって死亡する子どもの割合は、〇～三歳の年齢層に集中している。死亡児のうち七割以上が三歳以下の子どもである。[*2]

親が虐待する理由はさまざまである。自らが虐待を受けていたので、それが子どもとの当然の接し方だと思い実行する。育児や仕事のストレスから子どもにあたってしまう。周囲から孤立し、気持ちのやり場がなくなる……。これらが別個に作用しているのではなく、複合的に絡みあって生じているともいえる。

子どもが乳幼児のときに虐待が多いことについてひとつ指摘できるのは、親が子どもとの距離感をつかんでいないという今日的問題である。

たとえば子どもに暴力を振るったり暴言を吐いたりするのは、わが子を自分だけの所有物のように扱ってしまっていることが一因である。自分の子だから何をしてもよい。自分の思うようにならないので腹が立つ。何をしたって何をいったって、うちの子なんだから外部にとやかくいわれる筋合いはない。そう考えてしまう。

　親として健全に発達していれば、このステージですぐに子どもとの距離感をつかみはじめることができる。第一次反抗期には、子どもは親の思うようにばかりふるまわないし、まして所有物でもないことを知っている。子どもは自己主張もするし、いうことを聞かないときもある。こうして、子どもは個性をもったひとりの人間であることを、親は体で感じてゆく。しかし、

子育てをしながら、「子どもは個性をもったひとりの人間」であることを親は体で感じてゆく

＊1　厚生労働省雇用均等・児童家庭局調べ
＊2　厚生労働省データ、二〇〇六年一～一二月

児童虐待をする親にはそういう距離のおき方ができない人が多い。反抗期におこなう自己主張を生意気と理解してしまう。忍耐できずについかっとなって、声を荒げ、手をあげてしまう。

一見するとまったく違ってみえるネグレクト（放置）も、子どもとの距離感の欠落で説明できる部分がある。本来、親はもっと子どもに近くなければならないし、愛情を示さねばならないし、世の中のことを教えてあげなければならない。それが親としての責任である。しかしネグレクトをする親は、子どもに距離をおきすぎている。それでおかしいとも思わない。

虐待にまで至らなくとも、子どもに近すぎたり遠すぎたりする親は、現在の日本にたくさんいる。夫婦間の温度差でいえば、父親は母親に任せきりになってしまうし、母親は何も知らない父親に子どもの面倒をみさせたくない。そんな悪循環もある。

距離のとり方と原体験

いまどきの親たちに共通して抽出できる問題点として、子どもとの距離のとり方がありそうである。近すぎたり、あるいは遠すぎたりするのである。

先の第一ステージでは原体験の重要性を論じた。現在の親たちは一般的にいって、いろいろな年齢の子どもたちと日常的に接しながら大人になっていない。乳児との接触経験も少なければ、第一次反抗期の幼児のことも実体験としてわからない。

わが子を大切にする気持ちが強く、愛するからこそ、近すぎる接し方になってしまう。逆に、子育てを望まなかったり肯定的にとらえられないならば、遠すぎてしまう。自分のなかに依拠する経験がないためである。

第四ステージ——学童親期

次の学童親期（第四ステージ）に問題となる親たちの典型に、モンスターペアレントがいる。正確にいえばモンスターペアレントは就学前の保育園や幼稚園にも見受けられるが、ここでは家庭外のかかわりを強めてゆくこの時期の子どもの特徴に即した親の典型的な姿としてとりあげたい。また先にも断ったが、この時期と前の時期の間には、断絶した違いが存在するのではなく、あくまで程度による違いだと理解していただきたい。

本来この時期に親たちは、「子どもの成長にかかわっているのは自分だけではない」と認識できているはずである。しかし親としての発達に欠けていると、子どもが乳幼児のときのままの関係性をもちこしてしまう。つまり自分だけが子どもと真剣にかかわっているのであり、守ってあげられると思いこんでしまう。

教師や友人という存在もこの時期に大きな役割をはたすことは、先述したとおりである。子どもはそれらの人間関係のなかで社会性を身につけ、集団を意識しながら自己研鑽してゆく。しかし、未熟なモンスターペアレントの評価基準は、依然として「親からみていい子」であることである。

モンスターペアレントとまではよばれなくとも、首を傾げたくなるようなこのステージの言動は多い。

たとえば、外での人間関係に口をはさむことである。たしかに子どもの人間関係のことを親同士で話し合ったり、学校の先生を含めて問題解決したりすることは、ときには必要なことであるだろう。しかし、ささいなことで日常的に子どもの交友に口を出す昨今の傾向はいかがなものだろうか。まして子どもの視点でなく親の視点で口をはさむのは、子どもにとってプラスにならないのではないだろうか。

また、小学生のころから子どもの将来に口を出しすぎることも同類である。受験先や将来の職業などはたしかに親の心配事でもあり、指図したくなる。しかし、当然ながら、子ども自身の意図を汲み取るのも「必須」である。親の敷いたレールが子どもの望むものとは限らないし、最善であるとも限らない。

子どもは、親と考え方も趣味も異なる別個の人間である。これを意識していることは、このステージの親の発達として必須である。

親以外の他者

このステージでも、親は近すぎず遠すぎずを原則としながら、特有の距離感で、子どもに接する必要がある。子どもの人間関係に口を出しすぎてはいけないし、将来像を押しつけすぎてはいけない。

さらに、このステージで親たちは「自分以外の他者」が大きくかかわることを知るべきである。そして「子どもはわが子だけでない」ことも心底から理解せねばならない。

多くの育児書がいろいろなことを語っている。子育て教室でもいろいろ教えてくれる。たとえば、この時期に子どもは協調性を学ぶことや、社会のルールを学ぶことはよく知られている。なのに、親たちのほうは乳児期のときの密な関係性をもちこしてしまい、自分とわが子の関係がすべてのような気がしてしまう。親子関係が重要なのは事実であり、それが安定していないと子どもが外で安定した生活を送れない可能性は高い。しかし、何もかも犠牲にしてまで親子関係が唯一絶対なのではない。

この時期の問題の根は、やはり子どものときの原体験に起因するところが大きいのではないかと思われる。たとえば、子どものころに複数の幼少の子たちと接する経験の欠如である。弟や妹、近所の子、親戚などさまざまに入り混じった環境では、自分と近しい子ばかりに愛情を傾けるわけにはいかない。たくさんの子どもたちとそれぞれの距離感でつきあわねばならない。そういう体験が少なからず、「この子だけよければいい」という感覚を抑えてゆく作用をもつのではないだろうか。

親たちのクレームの背景

前の章で親たちの理不尽な学校へのクレームのエピソードを紹介したが、学校になんらかの要求を伝えること自体が悪いとは思わない。節度ある助言や、多くの子どもの利益を熟考した提案であれば、学校にプラスになる。また学校も完璧な存在ではなく、これほどのクレームをいわれるようになった学校側の要因もある。そのことがジャーナリストの多賀幹子によっても語られている。[*1]

一九九〇年に起こった神戸の高校の事件を覚えているだろうか。始業時間になると校門を閉めることになっていた学校で、ある朝、生徒たちが続々と駆けこんでくるにもかかわらず、ある教師が二三〇キロもある門扉をむりやり閉めた。女子生徒のひとりが挟まれて死亡した。

また一九八六年の事件も、世間に強烈な印象を与えた。いじめを受けていた中学生の男子生徒が首を吊って自殺した。聞けば、あるとき葬式ごっこなるものが同級生によっておこなわれ、この生徒は葬式の対象になった。葬式用の色紙が生徒のあいだに出回り、ひと言ずつ記したのだが、そこには生徒だけでなく、なんと教師も三人参加していたという。

このように、学校不信にさせるような事件が相ついだのは事実である。学校は何をやっても許される存在ではない。保護者の意見や世論によって、改善・修正されることが必要なこともある。そのことが再認識された時期があった。

しかし、だからといって親が何をいっても許されるものでもない。不条理なクレームは教師にとって多大な時間や労力を費やす迷惑なものだし、余分なコストが教育現場に生じる。それは子どものためにも社会のためにもよくない。ひどいときには教員の自殺に至ることまである。

親と学校の互いの努力により、必要に応じて修正・改善してゆくことが望ましい。米国の実証研究からもわかってきたことだが、学校に協力的な態度をもつ親の子のほうが、非協力的な親の子よりも、学業成績は高い傾向にあるようだ。[*2] 次の第5章でも論じるように、親は学校に敵対するのではなく、協力するほうが、子どものためにはよほどプラスの効果がある。

第五ステージ――青年親期

次に、青年期（第五ステージ）の親の問題として、いまだに命令や指導を事細かにすることがある。この時期（反抗期）は子どもが親から独立しようとする時期であり、このプロセスで子ども扱いすることは子どもの健全な発達のためによくない。だが、いつまでも命令や指導をしつづける親はいまどき多い。

それに昨今、甘やかしすぎたり、くっつきすぎたりする親も多い。「トモダチ親子」ではないが、子どもに嫌われたくないがために、友だちのようにつきあう親もいる。この時期に親子は一緒の行動が少なくてあたりまえである。一緒にいる機会が多いからといって「うちの子はいまでも仲がよくて、とてもよい子だ」といえるとも限らない。

＊1　多賀幹子『親たちの暴走』朝日新書、二〇〇八年

＊2　たとえば、Voydanoff, P. & Donnelly, B. W., 1998. "Parents' risk and protective factors as predictors of parental well-being and behavior." *Journal of Marriage and the Family*, 60, 344-355.

反抗期に親に反抗しない子どものシナリオを考えてみよう。
まず、エネルギーが家庭の外に向いて発散されるケースである。非行や犯罪などの反社会的行為となって露呈することがある。青年期の反社会的行為の原因を説明しようとする試みが社会学や心理学などで活発におこなわれている。一般に複数の要因のからみあった結果として説明されるが、親との関係では、親と葛藤があり、その不満が親に直接向くのではなく、非行や犯罪となって現れてしまうことが指摘されている。「親が子どもにどうかかわるかで子どもの非行は防げる」というのは、ある種の定説になっている。

非行以上に悲惨な結果として露呈するシナリオが、親殺しだろう。本当は親に認めてもらいたいのに、うまくかかわってもらえない。そのやり場のないネガティブな思いが、親に暴力的に向けられてしまう。すでに子どもは前のステージまでの少年少女ではない。フロイト流にいえば、「象徴的に」親を殺す年齢である。単なる仮想の話でなく、実際に親を殺すことで親を乗り越え、自己を確立しようと考えても不思議ではない。

一方で、親との関係の不良が内側にたまるシナリオもある。やはり結果的になんらかの異状となり、非社会的な行動になってあらわれる。たとえば、ひきこもりである。家から何か月も外に出ない。家にずっといながら、インターネットなどのメディアでのみ外部とつながる。食事は親から与えてもらうが、生活には干渉されない。そんな生活を送る。

これは親が自分を独立させてくれない結果として考えられるシナリオのひとつである。外とのつきあいをもてずに、親のなすがままに大きくなった弊害である。

父性の不足

昨今の日本の父親不在もよく指摘されるところである。異論もあろうが、しかし理想をいえば、この時期の子どもには「父性のある親と接しさせるべきである」という意見は根強い。母親とのかかわりだけでなく、子どもはいわば厳格な強い父性との関係を築く必要があるという。

ユング研究などで知られる林道義は、父親には父親の役割があり、母親とのかかわりだけでは本来は理想的でないと主張している。[*1]

また、心理学者の碓井真史は父親の姿について論じている。[*2] 最近、少年犯罪や家族の問題がとりあげられると、よく父親が弱くなったためだと指摘される。すると「お父さんがんばって、もっと強くなって」という声があがる。しかし碓井によれば、ただ怒鳴ったり殴ったりするのが強い父親ではない。そうではなく、強い愛情をもちながらも、毅然とした態度を示すのがほんとうの父性だという。「母親はつなぐ役割、父親は切る役割」と表現されるように、父親が厳しくしかり、母親がやさしく慰めるという役割分担が必要だという。これはわれわれの認識とも違わない。

＊1　林道義編著『家庭教育の再生』学事出版、二〇〇五年、八七-八九ページ
＊2　碓井真史『ふつうの家庭から生まれる犯罪者』主婦の友社、二〇〇一年、一七二-一七三ページ

しかし現実には父親不在であり、母親は何か問題に遭遇すれば、父親に頼る前に学校に駆け込んだり、場合によっては外部機関（警察など）の世話になる。昨今、父性は家庭内で発揮する存在感を欠いており、外部のほうが頼りになったりする。

子どもが反社会的行為を犯した場合、それを黙認して許してしまうのがこの時期の親の最善の役割ではない。親は毅然とした態度で「ダメなものはダメ」と伝える必要がある。それも、あまり距離を近づけすぎないようにしながらでないと、単なる小言で終わってしまう。

このステージの親たちに欠けがちな点

このステージの親たちには何が欠けがちなのだろうか。本書に通底するキーワードで簡単にいえば、やはり経験の少なさであり、そのため距離のとり方が不得手なことである。多かれ少なかれ、この時期に親子はいざこざを起こすものである。子どもはそれまでのわが子とは別人のようになり、いわゆるいい子ではなくなる。

ここでまた注目したいのが原体験である。幼少期にまわりのお兄さんやお姉さんと接していた経験がもっとあれば、「あの年齢には親のことが嫌いになる」ことがわかっている。それでいて「親のいないところでは親を認めており、悪気があってやっているのではない」ことも知っており、親には冷たく接していても、自分には優しく接してくれたことも知っている。つまり、まったくの別人になったり、悪人になってしまったのではないことを肌で知っている。

幼少期にこうした体験を重ねていれば、「いまはこうだけど、この子を信じることが大事」と、冷静に接することができるはずである。

また、この時期は自分自身がどんな体験をしたかも覚えているはずである。当時の親への思いや、その後の気持ちの変化など、親になった段階で自分なりに理解できていれば、目前のわが子を信じられるはずである。

また、もちろん原体験ばかりでなく、他の要素も関係してくる。たとえば、いまの日本社会で親は自分の生活に余裕がなくなり、ストレスをかかえこんでいる。そのため青年期の子どもに向き合う余裕がなくなっている。また、親のはけ口になってくれるような、年配者や近所とのつきあいが希薄になっている。たしかにこれらがいまの日本社会で親に影響を与えており、子どもとの関係に支障をきたす要因になっている。ただ、従来なかなか注目されてこなかった「原体験」における経験の重要性も、ここでまた強調しておきたいのである。

昨今の青年期事情

この青年親期に関連してひとつ付け加えたいことがある。それは、昨今、青年期が非常に長くなっていることである。

モラトリアムという言葉が叫ばれて久しいが、大人になるまでの期間が延びていることは疑いない。二〇歳で成人とされているとはいえ、現実はそうともいえない。現在の子どもたちは実質的な成人になるまでの期間が長くなった。

ひとつ明白なのは、現在の親の世代と子どもの世代にはズレがあることである。親にしてみれば(あるいはもっと上の世代の人にしてみれば)「自分がその年齢のときには××と○○をすでにやっていた、それにくらべていまの若者はまだ……」という論調である。たとえば、就職、結婚、子育て、持ち家など、さまざまな事項がこれに当てはまる。「時代が違うのだから当然だ」と片づける議論は別にして、ともかく両者にズレがあるのは間違いない。

もっとも、日本人の平均寿命が延びたのだから、どこかのステージがそれなりに延びるのは当然だろうし、それが青年期に当たる、という見解もあるかもしれない。それに科学技術の進歩や社会の複雑化などにより、大人になる前に習得せねばならない事項が増え、簡単にひとり立ちできなくなったという事情もあるだろう。

いずれにせよ「自分探し」が終わらないまま、これまでになかった長い年月をこの時期に費やす若者たちが増えている。当人たちの怠慢もあるかもしれないが、もっと社会問題として社会全体で解決策を探してゆくことも必要である。

事実、厚生労働省は近年、フリーターやニートの原因を「当人たちに求めていたのでは状況は好転しない」と認識している。若者たちを鍛えたり、やる気にさせたりするだけでなく、社会や企業がその受け皿としての雇用をもっと用意せねばならないと認識し、そういった政策を打ち出してきている。実際、フリーターのじつに約八割は、「定職に就く」ことを希望している。[*1] 若者の怠惰だけでは片づけられない。

第六ステージ――巣立ち期

最後に、巣立ち期（第六ステージ）であるが、この時期にめだった常軌を逸した行為をする祖父母はさほど社会的に問題になっていないかもしれない。研究をみても、祖父母と孫、あるいは祖父母と親の関係性についての研究は、そう多く蓄積されているわけではない。よって第1章における問題親の紹介でも、このステージのエピソードは取り上げなかった。

しかし、このステージでの親たちの常軌を逸した行為は皆無ではない。米国の心理学者で児童研究者のJ・ケニーとM・ケニーは著書『親子関係の心理学』で、この時期の親の心境を次のように述べている。[*2]

子どもが有能で独立心のある大人になるのを見ると新たな満足を感じるが、それは自分が必要とされるという満足を犠牲にしてのことである。こうしたスイッチの切り替えは簡単にはいかな

＊1　内閣府、若年層の意識実態調査、二〇〇三年
＊2　J・ケニー、M・ケニー／安塚俊行訳『親子関係の心理学』勁草書房、一九八六年、二六七ページ

い。

つまり、このステージは、自分が子どもから必要とされなくなる時期でもあるということだ。ここで切り替えがうまくいかないと、たとえば子どもに配偶者がいてもべたべたと接してしまうなど、いつまでも干渉してしまいかねない。以前に話題になった「冬彦さん」の母親は、この先駆だったといえる。

冬彦さんというのは、ドラマ『ずっとあなたが好きだった』(一九九二年TBSテレビ系列)での佐野史郎扮した男性である。いわゆるマザコンの中年男性が、いつも従順に母親(野際陽子)のいうことを聞く。この母親は息子の結婚生活に干渉するどころか、妻より率先して愛情表現をし、彼の生活に割り入ってゆく。世の視聴者から「気持ちわるい」という声が上がったほどの親子関係だった。

このステージでは、孫に過干渉になってしまう祖父母もいる。また、孫を猫かわいがりし、何でも許してしまう。たしかに親よりも(ささいな点で叱らないなど)寛容なのは祖父母のよいところかもしれない。しかし何でも許容するのが祖父母の最善の役割でもない。必要なときには、親と違ったいい方でしつけるのも、また重要な役割である。

自治体によっては「祖父母のための講座」を開きはじめたところもある。「自然に親になれない」時代であると同時に、「自然に祖父母になれない」時代でもあるのかもしれない。まだ多くは開催されていない祖父母教室だが、そのうち需要が増え、もっとメジャーになる日も近いのかもしれない。

いずれにせよ、前のステージと同じようにふるまうことが、祖父母（あるいは親）としての最善ではない。家族の再編成がおこなわれる時期でもあり、発達段階のひとつとして、自身にまた違った役割が求められつづけることを認識する必要がある。

ただし、近年この時期になっても、生家から巣立たない子が増えていることに言及しておきたい。「パラサイト・シングル」などと揶揄されるように、いつまでも独身で親に「寄生」する人たちは少なくない。[*1] こうした環境を許す親たちもまた存在するのであり、祖父母にならずに、子どもの「巣立ち」を経験しない親たちがいることは間違いない。前ステージ（青年親期）のみならず、このステージでも以前の親子関係をひきずってしまいかねない例であり、まさに人間のライフコースは一様でないといえる。

◆この章のまとめ

本章では「親発達」の各ステージの特徴と、いまの日本社会における親たちの現状を論じた。

＊1　山田昌弘『パラサイト・シングルの時代』ちくま新書、一九九九年

第一ステージから第六ステージまでそれぞれに特徴があり、必要な子どもとのかかわり方がある。ここで述べてきたことは、「親としてのあるべき姿」を描くことではない。「親のあり方はステージを追うごとに変わってゆく」、そして「とはいえ、実際いまの日本社会で親たちは各ステージで問題をかかえてしまっている」ことについて説明した。

各ステージの分析を通じて重視したのは、適度な距離感をもつこと、そして自分の子どもだけがこの世に存在しているのではないことの自覚である。そのうえで、ステージに応じたかかわりがあり、親自身がそれに対応して発達せねばならない。しかし、なかなかそれがうまくいかない。ここではその理由のひとつを、「原体験」の欠如に求めた。

このような現状にあって、健全な親発達のために、われわれはいま、具体的にどんなことができるのだろうか。国や行政が考えるべきこと、そしてわれわれ一人ひとりが考えるべきことについて、次の第Ⅲ部で論じてみたい。

第Ⅲ部　家庭教育支援とその可能性

ここまで、いまの日本社会で親がどんな状況にあるか（第Ⅰ部）、親たちを「親発達」という視点でどのように理解できるか（第Ⅱ部）、について論じてきた。

引きつづき第Ⅲ部（第5～7章）では、実際にどうしたらよいかを考えてみたい。

まず第5章では、日本社会やわれわれ一人ひとりがどのように対応すべきかを考える前置きとして、日本の行政が現在おこなっている施策の背景となりうる学説や研究知見を紹介する。「親による子どもへの影響は、思っている以上に大きい」ことを説明し、そのうえで昨今の親のふるまいは現在にとどまるのではなく、子どもたちが成人になってもその問題は尾を引きかねないと指摘する。

次の第6章では、現在の日本では、親のあり方に関連してどんな施策が実践されているかを検討する。具体的には教育委員会の「家庭教育支援」事業をとりあげ、その実施形態・内容を論じる。筆者のおこなった調査の結果も報告する。そのうえで「親のあり方を教育・支援する」という施策の現在の問題点や限界を指摘する。また他の施策（主に厚生労働系）についても検討する。

最後に第7章では、それまでの本書の議論を踏まえて、政策への提言をおこなう。それは幼少期からの原体験を重視し、乳幼児とふれあう体験を小中学校教育において充実させることである。さらに、すでに学校でおこなわれている実例を取り上げ、この提言が不可能でないことを主張する。また、われわれ一般人がどんな意識・態度をもつべきかも論じる。

第5章　親の影響の大きさ

本章では「親の言動が子どもにとってどれほど大きな意味をもつか」について考えてみたい。親は子どもに大きな影響を与えると考えられるが、学術的にはどのように裏づけられているのだろうか。心理学や社会学における理論や、実証研究に言及しながら解説したい。

そうすることで、次章以降における「家庭教育支援」という政策検討に関して、背景となる視点や知識を提供できるはずである。

親は子にかなり影響する

「親が子どもに影響を与える」というのはあたりまえのように聞こえる。「うちの子はこういうところが私に似ている」などは、世間でよく耳にする会話の一端である。しかし、それはどういうことなのだろうか。

本章では、まずフランスの著名な論者ブルデューの理論の助けを借りながら、説明したい。次に、「親は子に影響する」ことを裏づける実証研究がいろいろおこなわれてきたので、代表的なものをいくつか紹介したい。おもに米国などのデータを駆使した研究である。その知見は日本の実証研究でも同様に裏づけられているし、臨床現場でも裏づける分析がある（関連文献の紹介は後述）。

断っておくが、以下紹介する理論や研究結果は例外を許さないものではないし、このとおりいかないことも、多かれ少なかれ存在する。あくまで世の傾向を理論的・統計的に説明しようとしたものである。

ブルデューの理論――「文化的再生産」とは

ブルデューの理論は、親が子どもにとっていかに大きな存在なのかを改めて気づかせてくれる。日本には「トンビが鷹を産む」という諺がある。同時に「カエルの子はカエル」という諺もある。この二者は相反する事実を諺にしている。実際に多くの親子関係をみていると、たしかにどちらの例もありえる。だから矛盾する二つの諺が存在するのも無理はない。

しかし、ブルデューの理論によればどちらが現実に即しているか、はっきりしている。多いのは「カエルの子はカエル」だと説く。トンビの親の家庭から、別人のような鷹の子は、そう育つものではない。

ブルデューは「文化的再生産」という言葉を使って、親子の「趣向」の類似を説明した。親の趣向や感覚などは子どもに大きく影響するという。いいかえれば、親のもつ「文化」が子どもにも習得され、それが次の世代に「再生産」される。子どもは親の生活習慣を多くの部分で継承し、実践する。そして、それが次の世代にも引き継がれてゆくという。

さらにブルデューは「ハビトゥス」(habitus) という言葉も用いた。個々人がそれぞれ何気なく身につけている趣向や感覚などの総体のことである。これが親から子に代々継承される。世代を超えて親から子に脈々と引き継がれるものは、何も財産や姿かたちだけではない。親の趣向やその他の感覚も同じである。[*1]

ブルデュー理論の示唆

ブルデューの理論は、子どもがいまおかれた状況が当人だけに起因するのではないと気づかせてくれる。たとえば、子どもの趣向や将来への心構えなどは、自分の意思や努力もあるだろうが、親に起因するところが大きいのだろう。逆に、何か子どもに不備があるようにみえても、単にその子

＊1 Bourdieu, P., 1991. *Language & symbolic power*. Cambridge: Harvard University Press.

のせいではないのかもしれない。

だから、子どもに指導するより、自分の趣向や仕事への取組みなどを省みることが必要かもしれない。それらが雰囲気として、子どもに知らず知らずに伝わってしまっていることは大いにありえる。どこまで子ども当人に責任を負わせてよいのか、考え直させてくれる。まさに「親は子の鑑《かがみ》」である。

また、常識的なことのように聞こえるかもしれないが、「親は自分がしっかりしてこそ、子どももしっかりする」という教訓にも改めて気づかせてくれる。たとえば、親が怠慢な気持ちで日々を送り、いつもだらしないとする。その親が、子どもにばかり勉強するよう強制したらどうだろうか。あるいは、親がいつもため息ばかりついているのに、子どもにいつも元気にするよう求めたらどうだろうか。

むしろ大事なのは、親の生活習慣や言動を、子どもは思ったよりも（無意識にせよ）模倣していると意識することである。「親の背中をみて子は育つ」ではないが、親自身が努力したほうがよいと考える必要がある。

素行やふるまいも同じである。自分の素行がひどいのに、子どもに注意するのは有効でないだろう。むしろ親が率先してよい言動をしようとしてこそ、子どもは自然に同じことを継承しようとしてくれる。そうした、いわばあたりまえのことに、ブルデューの理論は改めて気づかせてくれる。

考えようによっては、あなた自身の現在の趣向も、相当親御さんからの影響を受けたものなのかもしれない。自分自身の個性と思っている部分も、意外に親の生活習慣や趣向をそのまま継承していることがよくあるのは、想像にかたくない。

実証研究の裏づけ

「親が子に大きく影響すること」は後の多くの実証研究で裏づけられている。おもに米国の教育系・家族系の社会学や心理学の研究データによって支持されている。ひと言でいえば、子どもの言動やパフォーマンス（学業達成など）の多くは、親のあり方に左右される傾向にあるということである。

実証研究でよく使用される概念に「ペアレンティング」（parenting）がある。ペアレント（parent＝親）に「ing」をつけた英単語であり、「親としての言動や生活の総体」を指す広い概念である。次にこの概念に注目してみよう。

ペアレンティングとは

ペアレンティングは、日本語でいう「しつけ」と同義ではない。しつけよりも広義である。しつけというのは、通常意識的に親がおこなう指導や教育をいい、対象はおもに日常生活における態度・行動である。たとえば、生活習慣で気づいた点を子どもに注意する、学校生活や人間関係における規律や道徳を指導する、などがしつけの要素である。

ペアレンティングというのはそうした要素を含んではいるが、それだけではない。ほかにも、次に紹介するような幅広い要素を含んでいる。それはまさに「親としての総体」であり、無自覚におこなうふるまいや言動なども含んでいる。

ペアレンティングの要素をここで紹介する前に、二つ注記しておきたい。

第一に、ペアレンティングを扱う実証研究は概して、調査で得られたデータを分析し、客観的知見を求めることを目的としている。親や子を対象にアンケートや聞き取りなどをおこない、「親がどんなペアレンティングをすると、子どもはどんなアウトカム（いわば結果のこと）を示すか」を統計的な傾向として明らかにする。子どものアウトカムは、たとえば、学業成績や学習習慣、生活習慣、素行、精神的安定、人間関係などである。

単純にいえば、ペアレンティングの一連の研究は「ペアレンティング」から「子どものアウトカム」という方向での因果関係を証明しようとしている。

第二に、ペアレンティングはかつて日本で「親業」と訳され、取り入れられたことがある。しかし、親業では、ペアレンティングの一部が注目された。それは目前の子どもとの対面コミュニケーションである。しかし、ペアレンティングの意義はこの概念が広義であるところにあると考えるので、本書ではヨコ文字のまま、「ペアレンティング」として用いる。

ペアレンティングの実証研究

それでは以下に、ペアレンティングの要素を紹介しよう。しつけよりも範囲が広いということがわかるはずである。

①子どもとのかかわり

まず、親が子に直接かかわる側面である。これが子どもに影響することが報告されている。[*1] ふつう親子コミュニケーションとして真っ先に想像しやすい側面かもしれないが、しつけほどの教育・指導的な含意はなく、もっと無自覚なコミュニケーションといってもよい。

たとえば、親が子どもに本を読んであげることなどがある。読み聞かせは子どもの知的発達に望

＊1　たとえば、Parcel, T.L. & Menaghan, E.G., 1994. *Parents' jobs and children's lives*. New York: Aldine de Gruyter.
Steinberg, et al., 1992. "Impact of parenting practices on adolescent achievement." *Child Development, 63*, 1266–1281.
Steinberg, et al., 1994. "Over-time changes in adjustment and competence among adolescents from authoritative, authoritarian, indulgent, and neglectful families." *Child Development, 65*, 754–770.

ましい影響をおよぼすといわれている。

他にも、親が休日に子どもを連れて出かけること、子どもと一緒に朝食や夕食をとることなどが、よく調査研究の重要項目として扱われている。

②親の生活習慣や趣向

次に、必ずしも子どもと一緒に居合わせていないし、子どもに向けた言動でない側面も、ペアレンティングの要素である。先のブルデューの理論とも重なるが、具体的には、親の生活習慣や趣向である。[*1]

たとえば「家で購読している新聞はどんなものか」「親はどんな書籍を読むか」「親はどんなテレビ番組を視聴するか」「親はどんな音楽や映画などを嗜好するか」などがそれである。かなり広範にわたるため、親の生活のあり方全般が問われているといってよい。これらが子どもに大きな影響を与えることがデータで示されている。

③家庭の物理的環境

物理的環境もペアレンティングの要素のひとつである。[*2] 物理的環境としては、「子どもに机を与えているか」「テレビを与えているか」「どんな持ち物を与えているか（携帯電話・テレビなど）」のように、子どもに関係した事項がまず含まれる。これらが子どものアウトカムに影響を与えると、データから報告されている。

さらにこれら以外にも、「家の内装や間取りはどうなっているか」など、子どもに特化した要素でないものも含まれる。実際、内装や間取りによって子どもの言動が変わってくることは、建築分野でも横山彰人の著作で指摘されている。[*3]

④家庭の心理的環境

物理的環境だけでなく、家庭の心理的環境もペアレンティングの要素のひとつである。[*4] つまり、親のつくりだす「雰囲気」あるいは「居心地」といったものである。「子どもにとって家庭が心地よいと感じられるかどうか」が、子どもの言動や発達に大きな影響を与えることが報告されている。

他にも「親が子どもを理解しているか」「叱るときに体罰をするか」「子どもの自主性を重んじているか」「子どもを厳しく監視するか」「悩みや相談に乗るか」「（適度な）期待をするか」なども、

＊1　たとえば、Freese, J. & Powell, B., 1999. “Sociobiology, status, and parental investment in sons and daughters.” *American Journal of Sociology, 106*(6), 1704–1743.

＊2　たとえば、Mayer, S. E., 1997. *What money can't buy*. Cambridge: Harvard University Press.

＊3　横山彰人『子供をゆがませる「間取り」』情報センター出版局、二〇〇一年

＊4　Voydanoff, P. & Donnelly, B.W., 1998. “Parents' risk and protective factors as predictors of parental well-being and behavior.” *Journal of Marriage and the Family, 60*, 344–355.
Steinberg, et al., 1992 & 1994. 前掲書

この要素とされている。

⑤学校との関係性

さらに、親自身が学校とどのような関係をもっているかも、ペアレンティングの重要な要素である。[*1] これは、先の「家庭の心理的環境」の一部とする見方もある。

親が学校にネガティブな態度をもっていると、子どもの学業達成が芳しくない傾向にあることがデータから実証されている。同様に、学校の先生の話が帰宅して親に否定されたりすると、子どもの言動によくない影響をおよぼすことも報告されている。

他には「学校の行事に親が協力的である」「勉強を（必要ならば）みてあげる」「学校で何がおこなわれているか、親が（適度に）理解している」なども、子どもに正の効果をもたらすことが報告されている。

ペアレンティングの幅広さ

これらのペアレンティングの諸要素が子どもに影響を与えることが実証されているが、こうしてみるだけでも、ペアレンティングの範囲は、しつけのように意識的におこなう子どもへの指導・教育だけではなく、ずっと範囲が広いことがわかる。むしろ「親としてのあり方」そのものである。

そこには無自覚なものから、親自身の生き方や生活全般、家庭環境まで広く含まれる。
米国だけでなく日本に関する実証研究でも、同様のことが確かめられている。米国でみられるほど階層差は大きくないことも報告されているが、[*2] いずれにせよ親の影響の存在を真っ向から否定するものではない。

子どもの態度・言動の責任はだれにあるのか、ひと言では片づけられない。もちろん子ども自身の責任もあるだろうし、学校をはじめとしたまわりを取り巻く人々の責任もあるだろう。しかし、ペアレンティングに関して積み上げられてきた社会学・心理学などの理論や実証研究をみれば、社会差は多かれ少なかれ存在するものの、親の影響は大きいといえる。

「うちの子はここが私に似ている」というようなレベルを超えて、親自身に無自覚な部分も、子どもにはかなり影響しているのである。

＊1 Ogbu, J. U. & Simons, H.D., 1998. “Voluntary and involuntary minorities.” *Anthropology and Education Quarterly*, *29*(2), 155–188.
Voydanoff & Donnelly, 1998. 前掲書

＊2 Barone, C., 2006. “Cultural capital, ambition and the explanation of inequalities in learning.” *Sociology*, *40*(6), 1039-1058.

親の行為は継承される

親から子への影響は本人たちの自覚している部分だけではなく、無自覚的な部分も含めて存在し、長く続く可能性がある。ブルデューの理論やペアレンティングの実証研究は、そのことをわれわれに語りかけているのではないだろうか。

第1章でみたように、今日、未熟でさまざまな常軌を逸した行為をおこなう親がいる。わが子だけが子どもだと思っている親、学校に不条理な難題をぶつける親、子を虐待する親、過干渉の親、責任感のない親……。こうした親たちのもたらす影響は、いまだけの問題にとどまらない。

たとえば学校に不条理な難題をぶつける親は、同じことをする次世代の人間を再生産する可能性がある。つまり、子どもが子ども（つまり孫）をもち、学校に通う年頃になったとき、親として学校に難題をふっかけるようになっているかもしれない。親の姿として、現在そういう見本をみせている可能性がある。

現在の親たちも、親の影響というのは強く長い可能性があることを理解しつつ、現在の言動をおこなう必要がある。

「虐待の連鎖」というのも児童福祉の世界では定説である。米国の研究によれば、虐待を受けた人が自分が親になったときに児童虐待をしてしまう可能性は、けして低くないと報告されている。[*1]

日本の研究例でも、たとえば臨床保育学者の庄司順一が、児童虐待のさまざまな要因のなかでも元凶のひとつとして、「生育歴」をあげている。[*2] つまり親から虐待を受けたかどうかである。親のペアレンティングの影響が子どもにおよぶだけでなく、その子が大人になったときに、その子どもの子どもへの接し方に再び出現するのである。

また、臨床心理学者の長谷川博一による調査結果もある。著書『たすけて！　私は子どもを虐待したくない』のなかの報告である。[*3] 長谷川によると、子ども時代に「親から身体的・精神的に虐待された」と判定された人のうち、親になって子どもを虐待したのは、男子が約七割、女子が約八割だった。子ども時代に虐待されなかった人とくらべると、四割近くも高い発生率だった。

自分が子どものときに経験した親との接し方は、その子どもにとって唯一のものである。ふつうは他の親の接し方を経験していないので、自分の親からされたことが親子としての経験のすべてであり、絶対的になる。よしあしの判断とは別に、勝手に体に染みついている。それはたとえば「子どもの養育には体罰が必要」かもしれないし、「子どもは放置されて当然」かもしれない……。自分の世代で連鎖を断ち切るのは、簡単なことではない。

＊1　たとえば、Haapasalo, J. & Aaltonen, T., 1999. "Child abuse potential: How persistent?" *Journal of Interpersonal Violence*, *14*(6), 571-585.
＊2　庄司順一「小児虐待」『小児保健研究』第51巻、一九九二年、三四一-三五〇ページ
＊3　長谷川博一『たすけて！　私は子どもを虐待したくない』径書房、二〇〇三年、二一ページ

同様のことは、子どもの受験に必死な親たちにもいえる。小学校のころから必死に塾通いをさせられ、暇さえあれば「勉強した?」と親に聞かれ、受験や成績が何より大事だと教わる。すると、その子が成人になったとき、親として自分の子どもに同じ接し方をする可能性がある。祖父母が孫と大いにかかわりたいと思っても、休日ならば「塾があるから」、長期休みならば「特別補習があるから」という理由で、孫は遊んでくれない。自分が親にそう教えてきたのだから仕方がない。「子の勉強や受験は大事という親のあり方」をみせてきたモデルは、自分なのである。

これらの例に限らない。日常のことを想像してみよう。

自分が祖父母として傍でみていて、自分の子(つまり親)がその子ども(つまり孫)に対して、きついいい方で叱ることがよくあるとしよう。また激しく怒ることも多いとしよう。しかし、それはもしかしたら、自分がその親に対してやってきたことなのかもしれない。ただ親としての姿を継承しているだけなのかもしれない。急に荒っぽい親として世に出現したのではない。それほどまでに親の影響は深く、長く続いてゆくと考えておかしくない。

親たちの変化

「親の影響はかなり大きい」しかし同時に「親たちはこれまでと変わってきている」。このことを本章の最後に論じたい。

本章では親の影響が強いことを論じてきたが、そのことはなにも、親からすべての言動が何代も継承されつづけることを意味するのではない。ブルデューのいうように、親と子はいろいろ類似する部分がある。しかし、親と子には似ている部分と似ていない部分がある。

趨勢としては、数十年前までの親子関係のあり方が、ここにきて異変をみせている。その背景はすでに本書（第2章）で論じてきたとおりである。近年の親たちはその前の世代から継承できなかった面がある。意識的に継承しなかったというより、さまざまな近年の変化により、それ以前の生活環境と異なる親子関係にならざるをえなかったということである。

たとえば第2章で論じたのは、急激な少子化が進展したこと、家事・子育てに関連する科学技術や社会制度が発展したこと、近しい人間関係からの孤立化が進んだことである。これらの生活環境の急激な変化は、それ以前の親たちの体験しなかったことである。

こうした変化によって、家族内の状況は変化せざるをえなかった。以前とくらべて、親たちは一人の子どもに集中して関心をもつようになったし、体を動かすより口を出すことが多くなったし、子育てについて気軽に相談できる相手が減っていった。もちろん個人差はあろうが、典型的にはこうしたことがいえるし、こうした現代的状況のもとで、祖父母世代がおこなってきた子育てと、現在の親たちの子育てがまったく同じにならないのは、不思議なことではない。

しかし、親子関係において簡単に変わらない側面もある。

家族社会学者の神原文子は、小中学生の子どもとその親に対する自らの調査結果をもとに、祖父母世代のもっていたしつけへの意識や態度は、近年の親たちもその多くを継承しているという。[*1]「期待する子ども像・人間像」「しつけの基本的な考え方」など、神原の示すデータによれば、両世代が断絶しているとはとても考えられず、大筋において継続性があることがわかる。ただし、神原も述べるように、親のなかに「わが子中心」な意識をもつ人が多くなったのではないかという指摘は注目すべきである。この点は、祖父母世代と現在の親世代のあいだの違いとして理解できる。

この指摘は本書の根幹と通底する。「わが子中心」になった背景について、本書では、主に親たちの生活環境における変化を手がかりに議論してきた（たとえば少子化の進展、科学技術や社会制度の発展、母親の孤立化など）。本章で紹介した著名な理論や研究が明らかにしてきたように「親の影響は大きい」ことに疑いはない。そして、子どもとの関係における親の意識や態度は、祖父母世代のときと根本的に断絶するものでもない。しかし、昨今の親たちの経験せざるをえなかった時代的な環境によって、状況は変わりつつある。それまでになかったような昨今の親たちの態度や言動は、だからこそ生じたと考えられるのではないか。

◆この章のまとめ

本章では「親による子どもへの影響は大きい」ことを、ブルデューの理論とペアレンティングに関する実証研究などを通してみてきた。

現在親たちが未熟で常軌を逸した行為をおこなっていることは、いまだけの問題にとどまらず、その子たちが親世代になってからも影響しつづける可能性がある。そのために、すでに親である人（そしてこれから親になる人）たちが、何らかのかたちで親としてのあり方を見直す必要があるはずである。これからの日本のあり方は、現在の親のあり方をどう捉えるかという課題と無関係ではない。

そこで、われわれが何か手を打たねばならないとしたら、どんなことができるのだろうか。それを次章以降で検討したい。

これまで国や行政はどんなことをしてきたか。どんな対策を講じてきたか。それは今後も有効なのか。もし修正すべき部分があるなら、それはどんなところなのか。われわれ一人ひとりに何ができるのだろうか。その点も考えてみたい。

＊1　神原文子「子育ての世代間分析」神原文子・高田洋子編著『教育期の子育てと親子関係』ミネルヴァ書房、二〇〇〇年、四五-七二ページ

第6章　政府や自治体の尽力――「家庭教育支援」

この章では、これまでの本書での議論をふまえ、日本の行政が親のあり方に関して実施している施策を検討する。現在政府は親たちに、よい親になるための機会をたしかに提示している。しかし、残念ながら、それらが十分に効果的に実施されているとはいいがたい。そのことを「家庭教育支援」という施策を中心に解説したい。

自然に親になれない時代

本書ではこれまで、いまの日本社会で親たちの子育ての状況は、かつてとかなり異なることをみてきた。その背景には、子どもの数が減少したこと、科学技術や社会制度が進展したこと、近隣・親・配偶者から母親が孤立していることなどがあった。

また本書で重視したのは、親たちの原体験の少なさであった。これが現在の親たちの常軌を逸した行為や未熟さに大きく影響をおよぼしており、親としての発達における欠陥につながっている可能性があることを指摘した。

かつてのように、ある年齢に達すれば自然に親になれる準備ができており、子どもとの体験も十分にあるという時代ではない。成人になり実際に子どもをもったとしても、親としての準備に欠けている親たちが多くなっている。

現在の親たちが、自然に親になれる状況にないことについては、ほかの論者によっても語られている。

たとえば本書ですでに何度か引用した柏木惠子は「養護性」という概念に触れながら、こう論じている。[*1]

養護性が本能ではなく学習・経験の産物であるという事実は、この学習の機会があること、子どもとの接触経験を豊かにもつことの重要性を改めて認識させることになります。少子化と、勉強中心で子ども同士の遊びが少なくなっているいま、養護性を学習する機会はどんどん失われています。かつては必要のなかった親になるための教育、親業の学習が、こうした状況の下でいま

＊1　柏木惠子『親の発達心理学』岩波書店、一九九五年、一七四ページ

求められているのは当然のことでしょう。

自然に親になれない以上、親になるための準備を誰かが担ってあげる必要がある。それはかつてのような祖父母でもなく、地域社会もその力を失っている。ではだれがそれをおこなうのだろうか。有力な答えのひとつは、政府および自治体である。つまり行政である。

では、行政はどのようにして親になる人たちを支援できるのか。そんなことが可能なのだろうか。じつは意外にも、すでに行政は親への教育をおこなっている。まずその代表である「家庭教育支援」の事業について検討してみたい。

「親のあり方」を教育する

親のあり方を公的に教育することの必要性は、かねてから議論されてきた。実際、わが国では親を対象にした教育が実施されてきた。

一般的な認知度はさほど高くないかもしれないが、「家庭教育支援」という施策が存在する。一九六四年から各自治体における教育委員会が実施主体となり、親たちの子育て力を高めることなどを主眼に全国で実施されている（いわゆる「子育て支援」というと、通常もっと広義であり、保育所や児童館などの事業も含まれる）。

おおもととなる法律は教育基本法である。教育基本法は、教育関連の法律の根幹をなすもので、近年改正され、交付・施行されたことはご存じだろうか（二〇〇六年一二月）。改正されたことのひとつに家庭教育に関する事項があったことは、あまり知られていないかもしれない。

この改正により、親は子どもの教育の第一義的責任を負うことが明確化された。本書でも論じてきたが、子どもの言動に大きく影響を与えるのは親であり、学校や地域など他の何よりも子どもの教育の責任をもつべきであることが、法的に定められたのである（もちろん親の責任は母親に限定されるものではなく、父親にも適用されることはいうまでもない）。

実際に該当する条文は、第十条の次のくだりである。

（家庭教育）

第十条　父母その他の保護者は、子の教育について第一義的責任を有するものであって、生活のために必要な習慣を身に付けさせるとともに、自立心を育成し、心身の調和のとれた発達を図るよう努めるものとする。

2　国及び地方公共団体は、家庭教育の自主性を尊重しつつ、保護者に対する学習の機会及び情報の提供その他の家庭教育を支援するために必要な施策を講ずるよう努めなければならない。

これらの二つの条文が新設されたことの意味は大きい。第一に、以前は子どもの教育について、学校のせいにできる風潮があったが、この法律により、あくまで父母や保護者が第一義的責任を負うことが明確にされた。大きな変化である。

第二に、行政による家庭教育支援の機会の提供も明文化され、「親のあり方」についての教育が、よりしっかりと公的におこなわれるべきであるとされた。

では、「親のあり方の教育」とはどんなものだろうか。教育委員会によっておこなわれている現行の家庭教育支援についてみてみたい。

教育委員会による家庭教育支援事業

一般的に教育委員会の仕事としては、学校教育に関することがよく知られている。しかし、教育委員会には学校教育以外の仕事があるし、部署もある。

市町村の教育委員会には、ふつう「学校教育」と並んで「社会教育」（もしくは「生涯学習」）の部署が設置されている。予算も人員も（他業務との兼務があるとしても）配置されている。そして社会教育の部署のなかに、家庭教育支援という事業が位置づけられている。これこそが本書で扱う「親への教育」の事業である（ほかに、厚生労働省系の行政管轄部署による事業もあるが、それについては後述する）。

家庭教育支援の事業にはいくつかの実施形態があるのが通常である。たとえば、親子が一緒に参加する単発イベントもあれば（いわば親子交流会のこと）、親同士の座談会などもある（悩みを打ち明けあったり、有識者に悩み相談をしたりする機会のこと）。

なかでも多く実施されている形態が、講演会である。地域や自治体内外の有識者・経験者を講師として招いて、だいたい一～二時間ほど、子育てに関する講義をしてもらう。元学校の教員、保育士、子育て経験者などが講師になることが多い。学校や公民館などで年に最低一度ぐらい開催される。参加対象者は基本的に地域や自治体に居住する人々で、開催のお知らせは行政広報誌などを通しておこなわれる。

たとえば、次にあげるのは、ある自治体A市の講演会における実際の題目の抜粋である（二〇〇六年度）。カッコ内は講師である。

10月×日　「入学前後の子育てのあり方について」（A市内の保育所長）
10月×日　「基本的な生活習慣の育成」（A市内の元小学校校長）
10月×日　「幼児期における基本的生活習慣の育成」（A市内の主任児童委員）
10月×日　「現代の子ども事情」（心理カウンセラー）
10月×日　「入学に際しての家庭の心得」（A市内のNPOスタッフ）

それぞれの講演会が別々の会場で催される。そのため希望者は、自分の最寄りの集会所でおこなわれる会に参加するのがふつうである。

行政としては、自治体住民に親のあり方を教育する機会を提供している。参加者も（すべての人とは限らないが）参加することで満足しているに違いない。しかし、家庭教育支援を現行のまま行政が実施しつづけることにどれほどの意味があるのかは、検討の余地がある。次に、この事業の短所について論じてみたい。

家庭教育支援事業の短所――親は知らないし、参加しない

短所の第一は、参加者がかなり限定されている点である。ほとんどの親がこうした行政の提供する機会に参加していないし、さらにいえば、存在さえも知らない。それが現状である。

筆者は二〇〇七年、首都圏の某県における親たちの実態を調査した。小学生になる子どもをもつ親たち一九二三人を対象に、就学前検診の機会を使って、アンケート調査をおこなった[*1]。「ここ一年間に自治体（教育委員会を含む）のおこなう親むけの講座や教室に参加したかどうか」をたずねたところ、参加した親は、回答者全体の三％でしかなかった。一〇〇人中三人の親しか、せっかくの機会を利用していない。

さらに、この家庭教育支援関連の講座や教室が開催されていることを「知っている」かどうかもたずねた。すると、知らない親が回答者の約七〇％を占めた。じつに七割の親たちが、こうした行

政の尽力の存在さえも知らない。

また、存在を知っていると答えた親たちに絞ってみても、そのなかで実際に参加したことがあるのは一〇%ほどだった。つまり、知っていても参加しない親が約九割もいる。

行政の側にしてみたら、これらの数字は驚きだろう。しっかりと企画をし、工夫をし、運営しているつもりなのに、ほとんどの親に自分たちの提供しているサービスが届いていない。これは行政の担当者だけでなく、一市民の立場からしてもきわめて残念なことである。ただし、これが現実であることを行政側は受けとめる必要がある。行政は参加する親の声を聞く機会はあっても、参加しない親の声を聞く機会はなかなかない。

情報格差による「子育て格差」

もうひとつの家庭教育支援の問題は、本来こうした親のあり方に関する教育が必要な親たちこそが、実際に参加できていないことである。この参加者の偏りは大きな短所である。

行政主催の親向け講座に参加するのは、その多くが、子育てに関心があり、真面目に取り組んでいる親たちである。ただでさえ情報収集をおこない、自分なりに子育てについて学んでいる親たち

＊1　斎藤嘉孝『「親力」向上講座に関する実証的研究』科学研究費助成金研究報告書、二〇〇八年

である。

同様の問題点は、米国の文献でも指摘されている。[*1] 本来のターゲットとは違う人たちが、こうした機会を利用してしまう。

家庭教育支援に関する日本の状況を、家庭教育学者の山本智也は著書『非行臨床から家庭教育支援へ』でこう語っている。[*2]

……家庭教育支援を真に必要としているのはこうした支援活動の対象者とはなろうとしない人、つまり消極的な学習者であるということも見逃してはならない。

参加者の偏りについては、筆者の調査でも示されている。[*3] 家計収入や教育などで高位にある親のほうが参加しやすい傾向にある。

たとえば最終学歴別にみると、短大・専門学校・大学を卒業した親の四%が講座に参加しているが、高校卒の親の参加者は二%、中学卒の親は〇%であった。同様に、講座のことを知っているかどうかについても、短大・専門学校・大学を卒業した親は三五%が知っているのに対し、高校卒の親で知っているのは二六%、中学卒の親はたった一三%だった。明らかな差である。

日本社会の格差が近年しばしば話題になっている。とりわけ労働市場や学業達成などでの格差が「勝ち組」「負け組」などのいい方でさかんに論じられている。もっといえば、上層と下層の者たちの格差は経済的なものだけでなく、健康や情報などの領域も侵食しているという。つまり、学歴や収入などで高位の者たちのほうが健康だったり、重要な情報にアクセスができたりするというのだ。

しかし、子育てや親子関係については、格差がどれほど注目されてきただろうか。調査結果などをみると、わが国の親たちのあり方も、富裕層と貧困層、あるいは教育レベルの高い層と低い層などのあいだに、深い溝が存在しているようにみえる。いわば「子育て格差」という問題も根深く存在していそうである。

貧困や就業の不安定さが児童虐待やペアレンティングに影響することは、これまでの研究で報告されている。とりわけ米国の実証研究では、その悪影響はほぼ常識的知見となっている。[*4]

せっかく行政が実施している親向けの教育だが、残念ながら理想的に機能しているとはいいがたい。誤解を恐れずにいうならば、参加者が十分に子育て意識が高く、実践もできている親たちに限定されていないだろうか。そういう親たちの気休めや癒しの機会、あるいは仲間づくりの場として

＊1　たとえば、Entwisle, D. R., 1995. “The role of schools in sustaining early childhood program benefits.” *The Future of Children*, *5*(3), 133-143.
＊2　山本智也『非行臨床から家庭教育支援へ』ナカニシヤ出版、二〇〇五年、一七九ページ
＊3　斎藤嘉孝『「親力」向上講座に関する実証的研究』科学研究費助成金研究報告書、二〇〇八年
＊4　たとえば、先述したParcel & MenaghanやCongerらの研究など。

だけ機能していないだろうか（もちろんそのこと自体は否定すべきでないかもしれない）。むしろ本当に深刻なのは、参加に至らない親たちだろう。さしせまった支援を必要としており、本来もっと情報を必要としている親たちには、この行政サービスがさほど届いていないと思われる。その状況は打破せねばならない。

七七％が「講演会」形式

また別の短所として、家庭教育支援という事業のやり方の問題がある。現在提供しているコンテンツはこのままでよいのか、事業評価の観点から問い直す必要がある。

筆者は、二〇〇六年に全国の市町村教育委員会に対して、家庭教育支援の担当者に悉皆調査をおこなった。結果として、一〇五三か所の自治体から回答をいただいた（回収率五七％）[*1]。

このデータから指摘できるのは、家庭教育支援は一方通行で知識を提供していることである。回答のあった自治体の七七％が、実施形態として「講演会」と答えた。これが典型的であることは先にも述べた。

しかし、講演会はほとんどが単発の開催であり、しかも一～二時間で終わってしまう。参加者はその短いあいだ、講師の話を受け身で聞いているにすぎない。役に立つ知識もあるだろうが、実際の自身の子育てにどれほど活かされるだろうか。しかも、年一回程度それに参加したからといって、どれほど効果があるだろうか。

講演を聞いて子育てのことがわかった気になったからといって、実際の子育てに効果が現れるとはいえない。もちろん子育てについての知識を深めることを家庭教育支援の目的として求める声もあるかもしれないが、それだけを最終目標とするならば、コストをかけた全国的施策としての意義を疑わざるをえない。もっと理想を高くもち、科学的に事業評価するべきだろう。

ここで「効果」というものの科学的な意味あいを考えてみたい。

たとえば体重を減らしたいと考える人が、「減量」のための機会に参加するとしよう。ふつうその効果をどこに求めるだろうか。科学的に考えれば「体重が減ること」だろう。だがそれと同じことが家庭教育支援ではなかなか意識されない。

仮に、体重を減らすための単発の講演会に参加したとしよう。たしかに参加直後に心理的な効果はあるかもしれない。「減量の知識を得て安心する、やる気になる」といったところだろうか。

しかしそれだけでは、効果として十分ではないのは明白である。なぜならまず、その安心ややる気は一時的なものである可能性が高い。

そして、もっと重要な点として、まだ実際に体重が減ったわけではない。「講演会」に一度出席したぐらいで簡単に体重は減らないだろう。知識を得て帰ってきたとしても、それで効果があった

＊1　斎藤嘉孝『「親力」向上講座に関する実証的研究』科学研究費助成金研究報告書、二〇〇八年

とはいえない。

くり返すが、効果とよべるのは「実際に体重が減る」ことである。（体重など）身体におけるケースでは当然意識されるこうした効果が、残念ながら家庭教育支援では意識されない。効果としての「親のあり方の改善や向上」といったことの科学的な評価が求められない。

むしろ、親の「有用な知識に触れているという満足感」に力点があり、それを半ば目的として実施されている。日本の家庭教育支援の効果が科学的に評価されるのは、いつのことだろうか。コストをかけた全国的な施策としては、まだ検討の余地があるといえる。

コストに見合うメリットは？

現行のような家庭教育支援のやり方について、もうひとつ指摘したい。

講座や教室で一方通行的に伝えられる知識は、親が自分で入手できる情報と本質的にそう変わらない。テレビや新聞、雑誌、書籍、インターネットなど、現在はたくさんの子育て情報が入手できる。現行のような家庭教育支援の講演会をやっても、情報源がひとつ増えるにすぎない。重要なのでくり返すが、コストをかけて全国的に実施するには考慮が足りないのではないだろうか。情報を入手することに慣れすぎた現在の親たちには、一方通行の情報をこれ以上与えることのデメリットもあるので、述べておきたい。

よく指摘されることだが、いまの日本社会で親たちは、自分の得た情報によって振り回されてしまうことがある。つまり、その情報に子どもの状況が少しでもそぐわないと、まるで自分が非常によくない親であるかのように思いこんだり、自己嫌悪に陥ったりしてしまう。自分の子育てを否定してしまう。

あるいは、子どもが情報どおりに成長していないと、簡単にその子を異常だとみなしてしまう。また、個性に合わせて子どもに接することが二の次になってしまい、自分の情報の枠内で子どもを理解しようとする。日常的な親子のやりとりにおいて、子どものメッセージを受け取ることが苦手になってしまうのである。知識はあくまで一般論であり、個々の子どもをどう育ててゆくかは個別に試行錯誤すべきだ、というあたりまえのことを忘れてしまう。

情報が先行するいまの日本社会の親たちには、現行の講演会がよい影響をおよぼすとは限らない。

単発イベントへの受け身的参加

現行の家庭教育支援について考えると、毎回の講座の進め方も問題であることがわかる。聴講者を十分に巻き込んだ積極的なものになりきれていないことが多い。

一〜二時間たてば終わるとわかっていれば、聴講者は座っているだけである。メモを取る必要もない。発言や質問をする必要もなければ、自分の理解の是非を問う必要もない。ふつう試験もないので、正確に記憶しておく必要もない。非常に消極的な参加にすぎず、受け身な聞き手でいれば事足りてしまうのが現状である。

単発の開催なので、主催者も個々の親の個性に配慮する必要がない。逆に何度かのシリーズ開催ならば、親たちの個性や気にしている箇所がみえてくるだろうし、個性に応じた対応もおこなえるようになる。

ただし、家庭教育支援は講演会以外の形態でも実施されている。たとえば、親同士の「座談会」である。こうした機会では、たしかにその場に座っているだけではすまされず、発言を求められることもある。

しかし、こうした座談会形式であっても、限られた人しか発言しないことは珍しくないし、多くの親が受け身のままで終わってしまう点は同じである。科学的な意味での（先述したような）「効果」を見込めるとはいいがたい。むしろ安心感や癒し（あるいは仲間づくり）の効果が求められているようである。それはそれで悪くないが、それだけが成果というのも、巨大なコストをかけるわりに残念であり、ほんとうの意味で親のあり方の向上になっていない。

また別の形式として「親子交流会」というのもあるが、これも単発イベントである。親子の交流自体はうまくいくのかもしれず、それ自体悪くはない。だが問題は座談会と同じで、一度参加したぐらいでどれぐらい親のあり方に効果があるかは、疑問である。

また座談会・親子交流会ともに、参加者がごく限られていることは共通している。ほとんどの親たちには届いていない。講演会と同じである。

講演会をはじめ座談会、親子交流会などいくつかのやり方で行政は親に対して働きかけている。しかし現行のままではほんとうの効果を望むべくもないのが、残念ながら実状である。

先進的な例

今後の家庭教育支援に対する具体的提言については次章でおこないたいが、ここで少し紹介したいことがある。それは、先進的な実施例である。

たとえば前出の山本智也は、元家庭裁判所調査官の経験等から「ラボラトリー・メソッド」という方法が有効だと論じている。[*1] 参加者がかなり主体的にかかわる、人間関係の体験的トレーニングである。

それは、ロールプレイをおこなうことで、自分や他者にかかわるさまざまな関係性を体験するものであり、その体験から生まれてくる「参加者自身の気づき」を重視する。いわば、一方通行で教えられる伝統的な教育方法とは、根本的に異なっている。この方法については彼の本でより詳細に論じられている。

＊1　山本智也『非行臨床から家庭教育支援へ』ナカニシヤ出版、二〇〇五年

他に、カナダから輸入され、日本でも実施されつつあるプログラムとして「ノーバディーズ・パーフェクト」(Nobody's Perfect)がある。「完璧な親なんていない」というかけ声のもと、親たちをトレーニングするプログラムである。[*1]

内容を簡単に説明すると、まずこのプログラムでは、参加者各自の生い立ちや人生経験をできるかぎり尊重する。それによって、親たちが自分の良さに気づき、自信をつけてゆくことを目標とする。そして、そのうえで他の親とのつながりを強めてゆき、親同士のサポートを促進させる。結果として、親同士が互いのあり方に共感し、仲間づくりをおこない、自分たち同士で簡単に情報交換できるような関係性を築いてゆく。

いずれの実践も、参加者の積極的なかかわりや主体性を重視するものである。こうした方法論は、企画や実施に(講演会などとくらべて)コストがかかるし人手も必要である。一度に対象にできる親たちの人数も限られている。そのため、現行の形式よりもずいぶんと楽でない部分はある。しかし、その効果のほどはくらべようがないほど高いことが予想される。

どちらも広範な普及には時間を要するかもしれないが、わが国ですでに実施されているものであり、注目に値する。

厚生労働系の施策——母親学級

家庭教育支援以外にも、親のあり方を教育する施策は日本に存在する。主に、厚生労働系の行政（母子保健関連部署や保健センターなど）で実施されている。

厚生労働行政の施策のひとつとして、自治体でよくおこなわれているのが「母親学級」である。呼称は自治体によってさまざまだが、全国的に実施されている。

たとえば、一回の開催につき三〇人ぐらいとして、自治体の住民から参加者を募集し、講演会や座談会などを催す。なかには受け身の参加ですむような講演会の形式もあるが、ワークショップや体験学習のような機会も多々ある。その点で、主体的なかかわりが一定以上は要求される施策である。

しかし、家庭教育支援と共通する問題もある。それはやはり、参加者の偏りである。行政にしてみれば毎回「満員」なのかもしれないが、毎回数十名しか参加できない。親たちにしてみれば、そういう施策自体を知らない人も多いし、一市区町村で毎年数十名しか恩恵を受けていないとすれば、参加したことのない人のほうがよほど大多数になる。住民たちに十分に届いている施策とはいいが

＊1　ジャニス・ウッド・キャタノ著、三沢直子監修『親教育プログラムのすすめ方』ひとなる書房、二〇〇二年

たい。

「親のあり方」を教育する行政施策についてみてゆくと、行政側の「実施している」という感覚と、国民側の「そこから恩恵を受けている」という感覚には、相当のズレがあることに気づく。多くの親たちは施策の対象からもれてしまっている。それに、少数の熱心な親たちのための機会はあるが、さしせまった支援を必要としており、本来もっと情報を必要としている親たちに対して、この類いの施策が届いていないのが現状である。

家庭訪問や家族療法

ほかにも厚生労働系の施策として、保健師による家庭訪問がある。自治体から派遣される保健師によって、親たちに個別的な相談や指導がおこなわれている。

また品行や精神状態に問題をかかえる児童の矯正や安定化などに、家族療法がおこなわれることもある。児童への心理的ケアが施されると同時に、問題の原因が家族にあると診断される場合は、親たちも治療の対象となる。これは精神科医などの手によって実施されている。

家庭訪問と家族療法はいずれも対象がはっきりしており、保健師や医師といった専門職によって実施されている。どちらももちろん意義深いし、今後も重要な役割を果たしてゆくことが期待される。しかし本書の論点と直接には重ならない。

まず保健師の家庭訪問は、子どもの年齢が限定されている。中学生や高校生になってまでおこなわれるものではない。また、妊娠していなかったり、子どもがいなかったりすれば、基本的に訪問の対象にならない。こうした点で、本書の求める施策と重なるものではない。

家族療法は、原則として問題の生じた患者やクライアントが対象となる。いうなれば治療的アプローチである。本書で主張したいのはむしろ予防的アプローチの施策であり、事前に親のあり方を教育することで問題を極力予防することを理想とする。やはり重なるものではない。

「家族は聖域」と「パーフェクトマザー」

ここで日本社会に存在する二つの重要な特徴を指摘しておきたい。

まず一点目として、「家族は聖域」という考え方が根強く存在すると考えられる。「家族は侵されざる領域であり、他人に口出しをされる筋合いはない」という意識が現在の日本人には少なからずある。「自分の子どもは自分で育てる」という意識が強く、そのことが「祖父母にも口を出されたくない」になるし、まして「学校の教員にうちの子のことはわからない」となり、「近所の人になど、うちの子を叱ってほしくない」という考えになる。

だから「家庭教育支援だか何だか知らないが、親としてのあり方を教育するなんて、そんなのは大きなお世話だ」という意見が親から出てきやすい。すると、現在のままでは、親たちは行政の提供する機会には参加する気になりにくい。

二点目として、「パーフェクトマザー」という言葉がある。文字どおり解釈すると、「完璧な母親」だが、日本の母親にはこの像がよかれあしかれ求められてきた。いわば母親たちのかかえる一種の強迫観念を反映した言葉といえる。

世間の目として「母親たるもの、子どもの面倒をきちんとみなければならない」のであり、「子どもを家に残して外に遊びに出かけるなんて、許されない」のである。また「仕事がいくら大事だろうと、母親は子どもを優先させねばならない」と感じる。ほんとうに世間にそう思われているかどうかは別として、母親当人たちがそう感じざるをえない何かがある。

そのため、母親たちは、行政の提供する「親のあり方の教育」により、自分たちにいっそうのプレッシャーがかかり、負担が増えるだけではないか、と懸念する。「これ以上、母親に求めないでほしい」といった意見も出てくる。

こうした特徴が日本社会には存在する。行政の提供する機会が好まれない風潮が少なからずあるのは否めない。

父親を問い直す

ここ数十年、家庭内に限っていえば、日本の父親は何もしてこなかった、そういったらいいすぎだろうか。仕事はがんばってきたようだが、家庭でどれだけのことをしてきたのだろうか。いまに始まった問いではないが、本章の最後にとりあげたい。

父親だって家庭教育支援の講演会や座談会に参加してもよい。いやいまこそ、親としての学習をするのは、これまで努力したり気をもんだりしてきた母親たちより、父親たちのほうにこそ必要な努力なのかもしれない。

にもかかわらず、日本の父親はこうしたところに参加しない傾向にある。自治体によっては、わざわざ「父親教室」なるものを提供しているところもある。父親を特別な対象とした子育て教室である。休日に開催する自治体もあるし、もっと父親たちが参加しやすいようにと、平日の夕方や夜に企業に出向いて、出前講座をおこなう自治体もある。

しかし全国的に父親教室の人気は芳しくない。個人参加は少なく、企業単位での参加も輪をかけて少ない。もっといえば、「企画は毎年あるものの、実施がここ数年なく、滞っている」という自治体もあるほどである。「行政主催の父親教室の大多数がうまく機能していない」と語る行政担当者は珍しくない。

家庭教育支援の講演会や座談会などに参加するのは、ほとんどが母親である。保健師の家庭訪問や、家族療法に対応するのも、ほとんどが母親である。父親はそれらを母親に任せきってしまっているかのようだ。男女は平等であって、雇用でも日常的行為でも教育でも、男女差別はおこなわれないことが前提とされる世の中なのに、である。

たしかに「ファザーリング・ジャパン」といったNPO法人が主催した父親検定なども話題になった。また、データとして「育児に協力的な父親が増加している」とも報告されている。たとえば精神科医の原田正文は、一九八〇年代から二〇〇三年までの二〇数年間に、「配偶者は育児に協力的」と答えた母親は、約二倍に増えたことを論じている。[*1]

しかし興味深い研究もある。父親はたとえ労働時間が減っても、育児を含めた家事に（妻のようには）時間を費やさない傾向が、近年でも報告されている。[*2] また、父親は子どもの心配事や悩みを聞くこと、能力や努力などをほめることなどの点で、母親にくらべてその機会が少ない傾向にある。[*3]

育児に協力的な父親は増えてきているが……

単純に良し悪しの評価は下せないが、日本の父親にはまだ親としての努力が足りないかもしれないといったら、言葉が過ぎるだろうか。ただ同時に、世の趨勢が変わりつつあることもまた否定できない。実際、子育てには母親だけではなく、父親も本気で携わる世の中になってきている。父親の役割が期待されているのは間違いない。

◆この章のまとめ

本章では、親たちが自然に親になれない状況で、だれかが親のあり方を教育する必要があり、その役割を担うべきは行政であろうことを説いた。実際、すでに幾多の施策がおこなわれている。

本章では文部科学省系（教育委員会）の家庭教育支援について検討した。しかし残念ながらそれが十分に効果的に実施されていないことも指摘した。

次に厚生労働行政についても検討した。だがやはり、親としてのあり方に関する指導・教育の機会は、まだ未整備であることを述べた。

次章では、今後われわれはどういう行政施策を求めるべきかを論じたいと思う。成熟した親がもっと増えるために、日本は何をしたらよいのだろうか。またわれわれ一人ひとりに何ができるのだろうか。考えてみたい。

＊1　原田正文『完璧志向が子どもをつぶす』ちくま新書、二〇〇八年
＊2　松田茂樹・鈴木征男「夫婦の労働時間と家事時間の関係」『家族社会学研究』第一三巻第二号、二〇〇二年、七三-八四ページ
＊3　永井暁子「父親の子育てによる父子関係への影響」『季刊家計経済研究』2002秋号、二〇〇二年、五五-六五ページ

第7章　提言——親になるための準備教育

「親のあり方」を教育する行政施策が、現在どのような状況かを前章でみてきた。本章では、日本は今後どういう施策を望むべきかについて考え、われわれ一人ひとりがどんな態度で臨むことが望ましいかを考えたい。

親になる前に学ぶ

前章でみてきたように、既存の親向けの教育施策のほとんどは、親になってから（もしくは妊娠してから）教育・指導をおこなうのを基本としている。

しかし、現行のこうした施策に問題点が見受けられるのも、先に指摘したとおりである。とくに特定の少数者にしか施策が届いていない点は、不十分さを拭いきれない。親たちのほとんどが施策を知らないし、知っていても参加しない。また、参加したところで、内容的に効果のあるやり方なのかも疑わしい。

ここで発想を転換し、親になってから学ぶという既存のやり方から離れてみてはどうだろうか。本章で提案したいのは、親になる前に学ぶという施策である。

第4章でも述べたように、忘れてならないのは、実際に親になってから親としての発達が始まるのではないことである。われわれのなかには幼少のころから、親としての資質が蓄積されている。そして、後の親発達の各ステージで、この原体験から影響を受けつづける。

そのため、第一ステージ（幼少・青年期）でしっかりとした原体験を経験しておくことが、非常に大きな意味をもつといえる。換言すれば、第一ステージで発達を怠ると、それ以降の発達も多かれ少なかれ限界をかかえざるをえない。それが第4章で論じたことである。

しかし現行の日本の施策は、実際に親になってから（あるいは妊娠してから）、つまり第二〜三ステージでようやく始まるのが通常である。そのことが、思ったほどの効果があがらない根本原因となっている可能性がある。

もちろん第二ステージ（妊娠期）以降で親のあり方の教育をおこなうことに意義はあり、それを否定するのではない。ただし（あとで述べるように）その効果や実施可能性などを考えるに、親になる前に準備教育をすることには大きな意味があると指摘したいのである。

第4章でも紹介したが、子どもをもつ前に乳幼児に接した経験のある人は、そうでない人より、子育てに肯定的な傾向にあるという興味深いデータがある。[*1] いまの子どもたちにとっても、こうした体験はとても貴重な経験になりえるのではないだろうか。

小中学校での親のあり方の教育

親になる前に教育をおこなうとすると、適していると思われる年齢層は、小学生や中学生である。それも、小中学校の教育現場で親になるための準備教育を充実させることを主張したい。

そのメリットは第一に、基本的に全員を対象として実施できる点である。大人たちにおこなっているような自由参加では、ほとんどの子どもが参加しない可能性がある。その点、小中学校は義務教育であり全員参加が前提であるから、これを実施できれば「親になる準備をしないまま親になる人」は、原則的にいない状況となる。これまで問題視してきたような「国民に届かない施策」ではなくなる。

たしかに読み書きや数字の計算、科学的知識や社会問題など、小中学校で学ばねばならないことはたくさんある。現行のカリキュラムだけでも時間いっぱいで進められている。これ以上何か増やすことに慎重になる意見は少なくないだろう。

しかし現在、親子や家族の問題は多発している。それに、「子どもの引き起こす問題・事件は多くの場合、その原因が親子問題にある」といったとしても、まんざら間違いではない。

さらにいえば、親になることは多くの人が経験しうる。他教科では自分の将来に直接関係ない事項も含まれているかもしれないが、親子関係はだれもが経験しうる重要な事項である。「いや、親にならない人もいる」という反論もあるかもしれない。しかし、そういう意見には「実の子をもつかもたないかだけが問題ではない」と答えたい。臨床児童心理学者の深谷和子は、プリペアレント教育といういい方で「親になるための準備」の教育について、次のように論じている。*2

人はいつか親になる。それは自分が生物学上の親になる場合だけでなく、親になることを選択しない場合でも、今後の福祉型社会のなかでは、成人すれば等しく社会のなかに生まれ育つ幼い者や弱者に対する援助や関与、いわば「社会的親」の役割を果たさねばならない日が来ることをも意味している（一六二ページ）。

義務教育で「親のあり方」を教えることは、このような意味も含んでいる。親になるための準備教育を施す波及効果は大きい。小中学生がそれを学ぶのも何ら不思議なことではない。

＊1　花沢成一『母性心理学』医学書院、一九九二年、七九-八五ページ
＊2　深谷和子「これからの家庭と子育てへの提言」『家庭教育研究セミナー報告書――子どもの社会化と「ペアレンティング」』国立婦人教育会館編集・発行、一九九二年、一五九-一六三ページ

また後述するが、子どもにとって「親のありがたみがわかる」という学びもある。つまり現在経験している親との関係を見直し、子どもなりに反省する可能性も秘めている。

なにも、一科目も二科目も親になるための準備教育のために時間をとるべきだと主張しているのではない。既存の枠組のなかで可能なことも多い。

次に、小中学校でこうした教育をおこなううえで、現実的にありえるかたちをいくつか検討したい。

実際の例——中学生対象の子育て講座

まずは、小中学校ですでに親になるための準備教育をおこなっている例を紹介したい。「小中学校では不可能」という意見があれば、ぜひこうした実例を知って、考え直すきっかけとしてほしいと思う。

埼玉県南部の某市では現在、家庭教育支援の一環として、中学生を対象に子育て講座を開催している。複数の公立中学校でおこなわれている。通常は「総合的な学習の時間」や放課後などを利用して開催されている。場所は、学校内でおこなわれるのが基本だが、場合によっては近くの保育園や子育て支援センターなどに出向くこともある。

聞きなれない読者のために解説すると、総合的な学習の時間とは、小中学校では二〇〇二年度より設けられた授業の枠である。各学校現場が創意工夫して特色ある教育活動をするよう委ねられており、とくに国際理解・情報・環境・福祉・健康などが重視されている。小三以上では週三時間、中学では週二〜四時間が配当される。

さて、家庭教育支援の事業主体は市だが、当日の運営は地域のボランティア団体やＮＰＯ（特定非営利法人）に任されている。そうした団体のスタッフが、中学生たちに教える形式である。

また乳幼児や妊婦、親たちが参加することもある。たとえばゲストとして妊婦がやってきたり、保育園に出向いて幼児と交流したりする。

一回限りの単発イベントではなく、何度かにわたる開催のため、毎回それぞれのテーマが設定される。たとえば、市内Ａ中学校ではこういうシリーズのクラスを開催する。カッコ内はクラスの運営主体である。

第一回　11月×日「小さな命と出会おう！」（ＮＰＯスタッフ）
第二回　1月×日「命を育てる　心をはぐくむ」（助産師）
第三回　1月×日「大人になる　親になるってどんなこと？」（ＮＰＯスタッフ）

こうした機会に中学生は、出産や子育てに関する知識を得たり、クラスメイトと意見をいいあったり、実際に乳児や妊婦とふれあったりしながら、親になるための原経験を蓄積してゆく。

また別のB中学校では、こんなクラスを開いている。

第一回　2月×日「子どもの話を聴くって、どんな事?」(スクールカウンセラー)
第二回　2月×日「絵本の読み聞かせって、どんな事?」(ボランティア団体)
第三回　2月×日「一緒大好き!　園児と遊んでみよう」(ボランティア団体)

最後の第三回目では実際に保育園に出かけていって、幼児たちとふれあう体験をする。ここには掲載しなかったが、また別の日には、妊婦体験としてマタニティジャケット(重さ七〜八キロほどのもので、腹部におもりが仕込んである)を着用したりもする。

これ以外のことも、小中学生に体験させることは可能だろう。たとえば次のようなことが考えられる。

・自分の誕生のことを親から聞き、レポートを書いたり、クラスで発表したりする
・発達心理学のエッセンスを学び、子どもの言動や考えが年齢によって違うことを知る
・妊婦の体の状態や生活について学ぶ
・実際に乳幼児をだっこしてみる
・児童虐待の現状や福祉制度について学ぶ

・男女共同参画の家庭生活について学ぶ

実際こうした試みは学校で徐々に始められている。これ以外にもできることをあげたらきりがないが、小中学校でできることはもっとたくさんあるはずである。

家庭科の利用

次に指摘したいのは、小中学校における家庭科の時間の利用である。いうまでもないが、小学校五・六年生および中学校には家庭科という教科が存在する（中学では技術・家庭科という）。余分に時間のとれない学校現場のことを考えるならば、家庭科の枠内で親のあり方の教育を充実させることは検討に値する（もちろん家庭科のすべてをこうした内容にすべきと主張しているのではない）。

論理的には、家庭科のなかで「親というもの」について教育するのは適切である。というのは、家庭科というのはその要素を多分に含んでいるからである。調理実習や被服実習などだけが求められているイメージが強いかもしれないが、それだけの教科ではない。家庭の人間関係について指導要領に明記されており、「親のあり方」も教育内容として求められているといってよい。

小学校の学習指導要領をみてみよう。次の二つのくだりは「家庭」に関する事項のうち、「各学年の目標及び内容」の一部である。

自分と家族などとのかかわりを考えて実践する喜びを味わい、家庭生活をよりよくしようとする態度を育てる。（「目標」の3）

家庭生活に関心をもって、家庭の仕事や家族との触れ合いができるようにする。（「内容」の1）

これらは料理や裁縫に関する事項ではない。親のあり方の教育と重なる事項であることがわかると思う。

同じく、中学校の学習指導要領をみてみよう。「技術・家庭」に関する事項の「家庭分野」についてのくだりである。「目標」として次のことが掲げられている。

実践的・体験的な学習活動を通して、生活の自立に必要な衣食住に関する基礎的な知識と技術を習得するとともに、家庭の機能について理解を深め、課題をもって生活をよりよくしようとする能力と態度を育てる。

やはり家族のあり方についての内容だと解釈してよい。次に、もっと具体的な内容について述べた部分をあげてみよう。指導内容に関する二つのくだりである。

幼児の発達と家族について、次の事項を指導する。

イ　幼児の心身の発達の特徴を知り、子どもが育つ環境としての家族の役割について考えること。

家族と家族関係について、次の事項を指導する。

ア　家庭や家族の基本的な機能を知り、家族関係をよりよくする方法を考えること。

幼児の生活と幼児との触れ合いについて、次の事項を指導する。

イ　幼児の心身の発達を考え、幼児との触れ合いやかかわり方の工夫ができること。

記述に「親」という言葉が直接出てこないまでも、どれも本書でいう親になるための準備教育と重なる事項である。

ただし、こうした学習指導要領における指針には、限界も指摘できる。それは、せいぜい幼児までを対象にしており、それ以上の年齢の子どもへの対応に言及していない点である。つまり学童や中高生以上の子どもとのかかわりについては、対象外のようである。

だが、本書でみてきたように、親としての発達は子どもが幼児の時期にすべて終わるのではない。

子どもが学童から中高生、あるいはそれ以上になるまで、親としての発達は続いてゆく。この点は現行の指導要領にはないが、本書では視野に入れたい点である。

家庭科における実際上の問題

家庭科で親になるための準備教育を実践するには、まだ問題がある。ここでいくつか関連する問題を論じたい。

まず、家庭科教育学者の表真美はこう語る。*1

現場では調理実習、被服実習に時間がとられ、家族領域にあてる時間が削られる傾向にある……（二四五ページ）

実際、家庭科教員に聞くと、その多くの時間が調理や被服に関する教育・指導に費やされている。親になる準備教育が十分におこなわれているとはいいがたい。

また、家庭科の教員全員が親子関係を専門的に学んできたとはいえないことである。つまり、教える側が十分に教えられる状態にないことは否めない。実際、家庭科を担当している教員のなかで、自信をもって家庭や親のあり方に関する事項を教えている教員は、あまり多くないかもしれない。

そのため、教員に対する研修制度などをいっそう充実させることが不可欠である。

次に、現行の家庭科の指導要領に明記されている家族関係の事項だけでは、先にもみたように抽象的である。現場の教員が具体的にどう教えればよいか、あの記載だけでは判断がむずかしい。教育にあたってどういったコンテンツをどう教えるのか、もっと具体的にすることが必要である。

さらに、もっと乳幼児と実際にふれあう機会を充実させたほうがよい。教科書に掲載された事項を、数時間ほど教室で学んだところで、生徒たちにどれほど効果があるか疑問である。まして、自分が親になったときに活かすことはむずかしい。それよりも、実際の乳幼児とのふれあい体験を増やすことに意味があるのではないだろうか。実施面でむずかしい点もあるだろうが、しかし「総合的な学習の時間」などで実際におこなっている例をみれば、不可能ではないことがわかる。

その他の、可能性のある実施枠

家庭科のほかにも（すでに実例でみてきたように）「総合的な学習の時間」など、別枠を利用したやり方も考えられる。

＊1　表真美「『家族』教育の社会文化学」井上眞理子編『現代家族のアジェンダ』世界思想社、二〇〇四年、二二一‐二四七ページ

家庭科や総合的な学習の時間に限らず、どの枠で親になるための準備教育を実施するかは、自治体や学校によって異なるだろう。最終的にはより共通的な制度になることを期待したいが、まずはできる枠のなかで、それぞれの自治体や学校が実行してゆくことが重要である。そのなかで、徐々に共通の制度が生まれてくるのではないだろうか。最初から全国的な均一性を求めるのはむずかしいように思える。また、いくつかの型があってもよいと思われる。統一する必要はないのかもしれない。

適正な時間数はどれぐらいなのかという問題もある。講演会の例を先にみたが、あのような受け身の機会が年に一回程度あったとしても、とても十分ではない。しかし、より積極的な参加ができる形態（たとえば乳幼児とのふれあい体験）で、年に一回でも二回でも開催されるならば、話は別である。子どものときにそうした原体験が年に一度でもあったかどうかは、違いとなって出てくるのではないかと考えられる。

また希望をいえば、親になるための準備教育を経験した群と経験しなかった群の比較データなどをとって、そのプログラムを事業評価することが望ましい。それによって、経験した群が事後に何らかの向上を示していれば、効果が確かめられることになる。こういうデータを蓄積することで、プログラムの運営について反省することができ、以後の向上の可能性も高まる。よりよい実践がなされることになる。

学校化を進めてしまうのだろうか？

時間的に融通がきき、仮にどこかの枠でおこなえるようになったとしても、学校で実施すること自体への批判が想像される。

ひとつには親になることまで「学校化を進めることにつながりはしないか」という批判である。現在は、子どもたちの成長の機会を学校で囲い込んでしまうのは望ましいとされていない。むしろ、子どもたちは地域に出てさまざまな人との交流をもち、体験の幅を広げることが理想とされつつある。本書の提案は、それに反していないかという批判である。

結論をいえば、反していない。むしろ反対に、学校そのものの地域への開放につながっているといえる。

筆者は、学校で親になるための準備教育を実施するにあたり、学校の教員ばかりが負荷や責任を負うことを主張しない。そうでなく、地域のＮＰＯやボランティアなどと学校が連携する仕組みを整え、外部の人材にこそそうした教育に一役買ってもらうことが望ましいと考えている。それは学校化どころか、学校が地域に開放される一環なのである。これは、前出の家庭科に組み込む場合にも、外部の人材に委託することをもっと考慮してよいことを意味している。教員が、研修等によって親になる準備教育の能力を向上させることとあわせて、両面から進むことが望ましい。

すべての学校や地域でこれがすぐに可能とは限らない。制度的に定着するには試行錯誤が続くかもしれない。しかし、先進的に実施している学校や地域はすでに存在する。それらに学びながら、徐々に普及することが期待される。

母親の負担をこれ以上ふやさないために

教育社会学者の本田由紀は著書『「家庭教育」の隘路』[*1]のなかで、これ以上母親の負荷を増やすことを批判している。日本の母親は、仕事や家庭ですでに負荷を背負いこんでいる。たしかに、いまの母親たちに「家庭教育支援の講座や教室にもっと出席してほしい」と強要するのは、負荷を増やすことになりかねない。

しかし、本書はそう主張したいのではない。先にみたように、もっと早い時期の親のあり方を教育するのを推奨するのであり、いまの母親に負担をかけるものではない。

しかし父親に関していえば、もう少し負荷を背負い、親のあり方を勉強してもよいのではないだろうか。子育てを母親に任せきっている父親、そして父性を欠いている父親が後を絶たない。

だが家庭教育支援として父親向けの講座をしても、人気は芳しくない。かといって通常の開催をしても、ほとんど参加しない。小中学校で親のあり方を教育することは、いま女性に偏っている負荷が、将来的に軽減される可能性を秘めている。

義務教育でのそうした教育は、男子も含めて全員を対象とする。数十年後にその男子たちが父親になったとき、何かが変化しているかもしれない。「子育ては母親の仕事」あるいは「家庭のことは男性に関係ない」という感覚が依然として残る現在の父親たちとは、また違った感覚をもっている可能性がある。それはつまり、次世代の母親たちの負荷を軽減させることも期待できる。

いまの親にできること

子ども世代に期待するのはよいが、では、現在すでに成人となっている世代には何ができるのだろうか。

答えのひとつは意識上の問題である。

入学試験の教科ではないし、学校の試験にも出ない。かといって、すぐ親になるわけでもない。しかし、子どもが親になるための準備教育を受けるのを「早すぎる」とか「意味がない」とか思うことはない。

われわれは、いまの子どもたちが小さい子や異年齢の子どもたちと関わる機会が少なくなったことを知っている。その機会を学校でつくってくれるとしたら、親たちにとってありがたいことでは

＊1　本田由紀『「家庭教育」の隘路』勁草書房、二〇〇八年

ないか。「この子たちも将来親になる。そのためにいまの時期、親についての学習が必要なのだ」という意識を、ほかならぬ子ども自身のためにもってあげたいものである。

親になるための準備教育は、現代の子どもにとって重要な機会である。第4章でも述べたように、原体験がどういうものであったかが、その人のその後の親発達のステージに根強く影響する可能性がある。幼少期の原体験はあなどれないことは、すでに理解していただけただろう。

いまの子どもたちも、現在の親世代と同じように、赤ちゃんを抱いた経験や小さい子の面倒をみた経験に欠けている。また、異世代の子どもと接した経験にも欠けている。自分たちの育ってきたときのような「子どもと接する経験の未熟さ」をくり返さない、そのことを、いまの親たちが先に立って、しっかり認識したいものである。

即効的な波及効果

それに、何も大人になってからの効果を待たずに、子どもへの効果が現れる可能性がある。つまり、即効的な波及効果も予想しうる。

まず、子どもたちがふだん実感しにくい親のことや、自分が生まれてこれまで育ってきたことへの感謝などを、親になるための準備教育を受けることで感じるかもしれない。それによって親子関係のあり方を子どものほうから見直し、態度・行動に表明することがあるかもしれない。

また親への即効的な波及効果もあると考えられる。

それは「子どもが学ぶのだから親もしっかりせねば」という、親自身の意識を呼び起こす可能性である。子どもは単に親に養育・指導される存在ではなく、もしかしたら自分よりも家族関係について学び、考えている存在になるかもしれない。「大人のほうが家族のことをわかってない」などといわれかねないため、親も身を引きしめるかもしれない。

「親の理想像」は必要か

しかし、公教育で「親のあり方を教育する」ことに消極的な意見は、少なからず存在すると予想される。たとえば「よい親って何?」あるいは「どんな親を理想として、教えるの?」などを問題にして、「そういうことを国民に押しつけるべきではない」という意見もありえる。多様化する家族や価値観のなかで、親のあり方を画一化するのはよくない、という考えに基づいているのだろう。

パーフェクトマザーではないが、親に関する日本人の感覚は、そういう批判の芽を秘めている。教える側は「親の理想像」を掲げ、教わる側もその理想像をめざす。「尊敬すべき聖人」のような存在を重視する儒教の土壌からくるのだろうか、それとも日本人のもつ、いわゆる生真面目さ・勤勉さなどからくるのだろうか。日本人は「親への教育」というものを、とかく過度に重く考えがちである。

しかし、「理想の親」を示すのが本書の提言の目的ではないし、もっといえば、はたして親の理想像を作り上げて、それを目指すのが望ましいのだろうか、疑問にすら思える。

筆者は、理想化したひとつの親の姿をめざすべきだとは考えていない。またそれが可能なほど現在の親や親子関係のあり方は一様ではなく、多種多様である。親たちはさまざまに異なる就業形態、職種、年齢、居住環境、家族形態などを有しており、そのなかで子どもとの関係性をつくっている。こうした現状において、画一化した理想像を教育によって国中で実現できるほど単純とは考えられない。

親になる準備教育も、何か固定した理想像をめざすというより、まずは子どもたちに乳幼児とのふれあい体験を増やすことが重要である。

海外のプログラムで「コツ」を知る

「理想の親」というものについてもう少し考えるために、ここで海外の状況をみてみよう。

米国・カナダ・オーストラリアなどでは、ペアレンティング・プログラム（parenting program）がさかんに実施されている。ペアレンティングのあり方を教育・訓練するプログラムである。前章で言及した「ノーバディーズ・パーフェクト」もその一例である。他にも米国の「イーブン・スタート」（Even Start）や、オーストラリアの「トリプルP」（Triple P）などがある。

これらのペアレンティング・プログラムでは、通常「理想の親」などは設定されない。親として最高の姿や、皆が追い求める唯一の像などは前提におかれない。

では、何がペアレンティング・プログラムの基礎にあるのだろうか。筆者の理解では、「最悪の親やひどすぎる親」をつくらないことである。日本人の求めがちな、高潔でパーフェクトな親像とはずいぶん違う。

米国・カナダ・オーストラリアなどは、そもそも多様な背景をかかえた人々から成り立っている。歴史文化的にも政治経済的にも、共通した理想の親のイメージなど特定するのは不可能に近い。また、その民主主義的体質ゆえ、画一的なものを行政の枠で押しつけるような発想をもちがたい土壌もある。

しかし、彼らも「親」というものに共通にもっている認識はある。ひと言でいえば「悪い親になりたくない」ということである。

たとえば、子どもに暴力を振るう親はよくないし、子どもの養育を放棄する親はよくないし、非行を犯す子どもに何もいえない親はよくないし、子どもの意思を尊重せず親の希望を押しつける親はよくない。こうした悪い親にならないことが大事だし、もしなってしまったら、自分を矯正する必要があると考える。

だから、ちょっとした具体的な「コツ」がプログラムで教えられる。たとえば、子どもへの言葉遣いに注意することだったり（例、ネガティブな命令・指導より、ポジティブなほめ言葉を使用）、子どもに読み聞かせをすることで定期的に楽しく学ぶ習慣をつくることだったりする。

その奥の「抽象的な理想」などは必要以上に想定しない。あくまで研究データに裏づけされた一連の「コツ」を、技術的に訓練することが重要なのである。

実際、日本でも（参加して経験のある方ならおわかりだと思うが）ワークショップ形式の講座などは、こうしたコンセプトで実践されていることが少なくない。つまり「高潔な親の理想像を求めないこと」は、日本でも目新しいことではない。むしろそんなものを求めると敷居が高くなり、実施しにくいし参加もしにくくなってしまう。かえってプレッシャーやストレスになってしまうことは、すでに多くの人が気づいている。

コンテンツや実施方法

前節でも言及したが、米国・カナダ・オーストラリアなどのペアレンティング・プログラムでは、ロールプレイングやワークショップなどのやり方が多く取り入れられている。参加する親たちが、できる限り主体的にかかわることができる。逆に、知識を一方的にレクチャーで学ぶというのは少ない。その点もまた、日本の家庭教育支援等とは違う。

親のあり方をいかに教育するかという具体的なコンテンツや実施形態については、本書でこれ以上深く検討しない。心理学などの知見は他でも多く語られているし（詳しくは第5章を参照）、また、親としてのテクニックの教育はさほど珍しくない。

むしろ本章の課題は「現在の日本で親のあり方の教育をいかに制度化するか」である。だれを対象に、どういった枠組で実施するのが最適かつ可能なのか。そして、日本の将来にとって意味のあることなのか。

これこそが通常の子育て書で議論しない課題であり、そういう論議をおこなうことが本書の使命だと考えた。

父親の「伸びしろ」に期待する

最後に父親のあり方について述べたい。

世の父親たちは、母親（妻）に任せるだけでなく、家庭教育支援の講座や教室、そして「父親教室」などに参加してみるとよい。また、もっと子どものために仕事から早く帰ったり、子育ての勉強に母親以上に時間を費やしたりするとよい。

口でいうのはやさしい。しかし現実的になかなか実行・継続できるものではない。それはそうだろう。職場の同僚の男性たちはあまりそんなことをしていないし、上司や会社にもとくに歓迎されない。何より、自分自身も、教室や講座に出てもあたりまえのことばかりで何も得ることがないと思っている。

しかし、父親の姿を子どもはよくみている。自分やきょうだいのために父親がどれだけのことをしてくれたか。子育てにどれだけ真剣だったか。みていないようでも父親の姿は大きな模範であり、場合によっては反面教師となる。頭で覚えていなくても、原体験として体でよく覚えている。いますぐでなくとも、その子が親になったときに影響が出てくる可能性は、父親が考えている以上に高い。

子育て講座に行ってみてほんとうに得ることがあるかどうかは、二の次ではないだろうか。まずは父親として子どものことをわざわざ勉強したことがあったか、父親として向上しようとしたか、そうした姿勢こそが大事なのではないだろうか。ひとまずそのぐらいのことが必要なのかもしれない。母親にくらべて父親は、子育て不安をかかえたり、パーフェクトファザーのプレッシャーを感じたりするところまでには、まだ達していない。

それに、父親のほうが母親にくらべ（勉強不足なぶん）伸びしろは大きいとも思われる。ちょっとしたコツを身につけることで、もっと変わりうる可能性を秘めている。

また第4章でもとりあげたが、古くは理論家パーソンズが説いたり、近年のわが国の実証研究でも示されているように、父親には父親のかかわり方がある。身体を使った遊びを多用するのもその一例である。[*1] 母親との経験だけでなく、父親的な役割をはたす大人とのかかわりも必要なことは、われわれの直感ともそう違わないだろう。

たしかに父親の労働環境は、子どもに接する余裕をなくし、子どもに関する学習をおこなう機会に欠けさせてきたかもしれない。それは十二分にわかる。しかし、前章で引用したように、労働時間が減っても、父親は子育てに時間を割かないという研究報告もある。

父親たち一人ひとりの小さな努力で何とかなる場面も、もう少しあるのではないだろうか。せっかく妻からは二〇数年前よりもよい評価を受けてきている（これも前章参照）。つまり「うちのパパは子育てをがんばっている」と思われてきている。父親としての役割を、もっと遂行できるのではないだろうか。

また、子育てのもたらすプラスの効果は実証されている。たとえば、子育てをすることで「視野が広がった」「精神的にタフになった」「耐性ができた」などの利点が、実際に子育てをした父親たちから報告されている。[*2] それが仕事に活かされ家族の役にも立てば、理想的なのではないだろうか。子育ては自分自身を成長させる絶好の機会になる。

◆この章のまとめ

本章では、「親のあり方」をどう教育するのかについて、いまの日本にとって有益かつ可能

＊1　柏木惠子『親の発達心理学』岩波書店、一九九五年、一五三ページ
＊2　尾形和男編著『家族の関わりから考える生涯発達心理学』北大路書房、二〇〇六年、一六五ページ

な方法を論じた。そのひとつは、子どもの原体験をもっと充実させることである。子どもたちが、もっと小さな子や乳児たちとふれあい、あるいは妊婦たちと接したりしながら、多様な経験をすることが重要である。

また、参加者の偏りが起こらないように、小中学校の教育のなかに位置づけるのが理想である。そして、実際にそれをすでにおこなっている学校や自治体があることを知る必要がある。地域の民間ボランティア団体やＮＰＯが学校と連携し、小中学校で親のあり方を教育している。それが将来的に、子どもたちの原体験を充実させてゆくだろう。

親たちには、ぜひこうした体制づくりを支援する土壌をつくってほしい。いつか親になる子どもたちのために、いまから意識することが大切である。世論は何よりの後押しとなる。

父親たちは、一度でいいから子育て教室に参加してはどうか。効果をあまり求めすぎずに、とにかく経験することが大切ではないか。わが子の原体験に、その姿勢はしっかりと刻まれるはずである。

おわりに

いまの日本社会の、親たちの未熟なふるまいをみるにつけ、本人たちに非を求めたくなることがあるかもしれない。

しかし、親たちのおかれた社会的背景を考えると、どうも本人たちのせいとはいいきれない。本人たちにはどうしようもない要素がたしかにある。だから周囲の人たちは、親を批判するだけで事態が好転するとは思わないほうがよい。少子化や時代の変化、いまの日本社会における人間関係など、親たちのおかれた社会的背景への考慮を抜きに、この問題は語れない。

また親たち自身も、自分を責めすぎる必要はない。完璧な親であるためのプレッシャーを感じすぎる必要もない。それを演じようとすると巨大なストレスになる。それは自分のためにも、子どものためにもよくない。

しかし、親自身が「発達」する存在だということは知っておいてよい。

親というのは、子どものことを教育指導したり、言動に口を出したりするだけの存在ではない。子どもの成長とともに「発達」する存在なのである。わかっていることかもしれないが、具体的に意識しにくいところもあるだろうし、つい忘れられがちかもしれない。しかしこのことを意識するのは大事なことなのである。

本書では、親としての「原体験」についても論じた。「親になってから親になろうとする」のではなく、小さいときからの体験の積み重ねが重要である。親としての資質は、幼少のときから蓄積されている。このことはもっと一般的に認識されてよいし、それに見合う実践がもっと普及することが望まれる。

そのため本書では、行政施策への提言をおこなった。具体的には、親になるための準備教育を小中学校で実施することであり、とりわけ乳幼児とのふれあい体験を充実させることである。実際、すでに実施しているところもある。この提言がもっと受け入れられ、実践されてゆくことが、今の日本には必要だと思われる。小中学校において親になるための準備教育をすることは、子どもたちの原体験を充実させる効果を十分に秘めているはずである。

そして、世の親たちは、「子どもにそんなことは早すぎる」とか「他のことの学習に時間を割いてほしい」などと思わないことが必要である。将来の親になるための準備は、子どものときに始まっているし、大人になる前だからこそ意味がある。本書でも論じたように、小中学生のときに親になるための準備教育を受けることは、長い目でみて子どもたちのためになるし、もっといえば社会全体の利益にもなる。それだけでなく、もっと即効的な利益としても、「いまの親への敬意」や「いまの親子関係の安定」にもつながる可能性がある。

本書では、折をみて父親のことにも言及した。従来から日本の男性は、職場での働きぶりを基準として自己評価してきた節がある。多かれ少なかれ、家庭生活や子育ては女性に任せてきた。男女共同参画が叫ばれる今日の世情になっても、いまだに完全には変わっていない。

しかし考えてみれば、子育ては自己研鑽のまたとない機会である。「子育てを通して自身が成長できる」というのは、男性にとって魅力的な考えではないだろうか。実際、子育てのもたらすプラスの効果が実証されていることは、先述したとおりである。

それに、子育ては自分自身のためだけでなく、いうまでもなく妻のためでもあり、そして将来の次世代への手本にもなる。これこそ、男性としてやりがいを感じる大きな仕事ではないだろうか。

古今東西、どんな社会でも、「親と子の関係」というのは重要なテーマであった。やっかいだが、逃れられるものではない。一方で求めつづけるものでもあり、人間としての愛情や価値観の根源となりえるものである。

このようなきわめて奥深い問題に対し、本書の分析や提案によってすべてを説明したり、改善したりできるとは毛頭考えていないし、そんな大げさな議論をおこなったつもりもない。

しかし、噴出する現代的問題に対し、現時点で考えうることとして、可能かつ効果のある議論をおこなったつもりである。

提言は、現在すでに負担をかかえている母親たちに、これ以上の負荷をかけるものであってはならない。新たに大々的な施策を提唱するのも現実的ではないだろう。現行の施策に可能な範囲で「親のあり方の教育」を、もっと子どもたちに届く形態にすることが有効であり、現実的なのである。具体的に詰めねばならない点はまだ残されているだろうが、基本的な方向性として、この提言が有益であることを読者にご理解いただきたいと思っている。

本書に目を通してくださった方がたに多大な感謝を申し上げるとともに、これをきっかけに、親と子について、いっそうの議論を深めていただけるならこのうえない幸いである。

小野田正利，2006 年『悲鳴をあげる学校』旬報社
大日向雅美，1995 年「『最近の子どもを愛せない母親』の研究からみえてくるもの」『家族研究年報』第 20 巻，20–31
Parcel, T.L. & Menaghan, E.G., 1994. *Parents' jobs and children's lives.* New York: Aldine de Gruyter.
斎藤嘉孝，2008 年『「親力」向上講座に関する実証的研究』科学研究費助成金研究報告書
佐久間真弓・藤崎りょう，2008 年『親の愛は，なぜ伝わらないのか!?』宝島社
ささやななえ・椎名篤子，1995 年『凍りついた瞳《め》』集英社
芹沢俊介，2008 年『親殺し』NTT 出版
庄司順一，1992 年「小児虐待」『小児保健研究』第 51 巻，341–350
Steinberg, L., Lamborn, S. D., Dornbusch, S. M., & Darling, N., 1992. "Impact of parenting practices on adolescent achievement." *Child Development, 63*, 1266–1281.
Steinberg, L., Lamborn, S. D., Darling, N., Mounts, N. S., & Dornbusch, S. M., 1994. "Over-time changes in adjustment and competence among adolescents from authoritative, authoritarian, indulgent, and neglectful families." *Child Development, 65*, 754–770.
多賀幹子，2008 年『親たちの暴走』朝日新書
氏家達夫，1996 年『親になるプロセス』金子書房
碓井真史，2001 年『ふつうの家庭から生まれる犯罪者』主婦の友社
Voydanoff, P. & Donnelly, B. W., 1998. "Parents' risk and protective factors as predictors of parental well-being and behavior." *Journal of Marriage and the Family, 60*, 344–355.
山田昌弘，1999 年『パラサイト・シングルの時代』ちくま新書
山田昌弘，1999 年「現代社会における子育ての『意味』の危機」『家族社会学研究』第 11 巻，49–57
山本智也，2005 年『非行臨床から家庭教育支援へ』ナカニシヤ出版
山脇由貴子，2008 年『モンスターペアレントの正体』中央法規出版
横山彰人，2001 年『子供をゆがませる「間取り」』情報センター出版局

門脇厚司，2003 年『親と子の社会力』朝日新聞社
神原文子，2000 年「子育ての世代間分析」神原文子・高田洋子編著『教育期の子育てと親子関係』ミネルヴァ書房，pp.45-73
柏木惠子編著，1993 年『父親の発達心理学』川島書店
柏木惠子，1995 年『親の発達心理学』岩波書店
柏木惠子，2008 年『子どもが育つ条件』岩波新書
加藤邦子，2002 年「父子あそびと母子あそびのタイプの比較」『家庭教育研究所紀要』第 24 巻，99-109
ケニー，J・ケニー，M，1986 年『親子関係の心理学』勁草書房（安塚俊行訳，Kenny, J. & Kenny, M., 1982. *Whole-life parenting*, New York: The Continuum Publishing Company.）
小嶋秀夫，1988 年「親となる心の準備」繁多進・大日向雅美編『母性』新曜社，pp.75-96
松田茂樹・鈴木征男，2002 年「夫婦の労働時間と家事時間の関係」『家族社会学研究』第 13 巻第 2 号，73-84
Mayer, S. E., 1997. *What money can't buy*. Cambridge: Harvard University Press.
文部科学省，2006 年『小学校学習指導要領解説——家庭編』開隆堂出版
文部科学省，2006 年『中学校学習指導要領（平成 10 年 12 月）解説——技術・家庭編』東京書籍
無藤隆・やまだようこ責任編集，1995 年『生涯発達心理学とは何か』（講座 生涯発達心理学 第 1 巻）金子書房
永井暁子，2002 年「父親の子育てによる父子関係への影響」『季刊家計経済研究』2002 秋号，55-65
内閣府，2007 年『平成 19 年版食育白書』時事画報社
中里至正・松井洋，2003 年『日本の親の弱点』毎日新聞社
野沢慎司，2001 年「核家族の連帯性とパーソナル・ネットワーク」『季刊家計経済研究』2001 冬号，25-35
尾形和男編著，2006 年『家族の関わりから考える生涯発達心理学』北大路書房
尾形奈美・大塚由希・吉田真弓，1999 年「育児準備性に関する日米比較研究」『家庭教育研究所紀要』第 21 巻，96-105
Ogbu, J.U. & Simons, H.D., 1998. "Voluntary and involuntary minorities." *Anthropology and Education Quarterly, 29*(2), 155-188.
表真美，2004 年「『家族』教育の社会文化学」井上眞理子編『現代家族のアジェンダ』世界思想社，pp.221-247

引用文献

Barone, C., 2006. "Cultural capital, ambition and the explanation of inequalities in learning." *Sociology, 40*(6), 1039-1058.

Bourdieu, P., 1991. *Language & symbolic power*, Cambridge: Harvard University Press.

Carter, E.A. & McGoldric, M., 1980. *The family life cycle*. New York: Gardner.

ジャニス・ウッド・キャタノ著，三沢直子監修，2002 年『親教育プログラムのすすめ方』ひとなる書房

Conger, R. D., Conger, K. J., & Elder, G. H. Jr., 1997. "Family economic hardship and adolescent adjustment", in G. J. Duncan & J. Brooks-Gunn (eds.), *Consequences of growing up poor*. New York: Russell Sage Foundation, pp.288-310.

Entwisle, D. R., 1995. "The role of schools in sustaining early childhood program benefits." *The Future of Children, 5*(3), 133-143.

Freese, J. & Powell, B., 1999. "Sociobiology, status, and parental investment in sons and daughters." *American Journal of Sociology, 106*(6), 1704-1743.

藤田英典，2003 年『家族とジェンダー』世織書房

深谷和子，1992 年「『親性』とペアレンティング」『家庭教育研究セミナー報告書——子どもの社会化と「ペアレンティング」』国立婦人教育会館編集・発行，pp.67-85

深谷和子，1992 年「これからの家庭と子育てへの提言」『家庭教育研究セミナー報告書——子どもの社会化と「ペアレンティング」』国立婦人教育会館編集・発行，pp.159-163

花沢成一，1992 年『母性心理学』医学書院

原田正文，2008 年『完璧志向が子どもをつぶす』ちくま新書

長谷川博一，2003 年『たすけて！　私は子どもを虐待したくない』径書房

長谷川眞人・堀場純矢編著，2005 年『児童養護施設と子どもの生活問題』三学出版

Haapasalo, J. & Aaltonen, T., 1999. "Child abuse potential: How persistent?" *Journal of Interpersonal Violence, 14*(6), 571-585.

林道義編著，2005 年『家庭教育の再生』学事出版

本田和子，2007 年『子どもが忌避される時代』新曜社

本田由紀，2008 年『「家庭教育」の隘路』勁草書房

【ま行】

【や行】

【ら・わ行】

【さ行】

【た行】

【な行】

【は行】

索　引

著者紹介

斎藤嘉孝（さいとう　よしたか）

1972年，群馬県桐生市生まれ。慶応義塾大学卒業，同大学院社会学研究科修士課程修了，ペンシルベニア州立大学大学院博士課程修了（Pennsylvania State University）。博士（Ph.D., 社会学）。西武文理大学サービス経営学部准教授を経て，現在，法政大学キャリアデザイン学部教授。専門関心は，親子関係やコミュニケーションに関する調査研究，それに関連した福祉・教育制度の実証的検討および政策提言など。

著書に『社会福祉を学ぶ――トピックで読みとく社会のしくみ』（医学評論社，2008），『ワードマップ 社会福祉調査』（新曜社，2010）ほか。

新曜社

親になれない親たち

子ども時代の原体験と，親発達の準備教育

初版第1刷発行　2009年4月25日

初版第8刷発行　2025年4月10日

著　者　斎藤嘉孝

発行者　堀江利香

発行所　株式会社 新曜社

〒101-0051

東京都千代田区神田神保町3-9

電話(03)3264-4973(代)・FAX(03)3239-2958

e-mail　info@shin-yo-sha.co.jp

URL　https://www.shin-yo-sha.co.jp/

印　刷　亜細亜印刷

製　本　積信堂

ISBN978-4-7885-1155-2　C1037